Kursbuch Bibel

Das Einsteigerbuch für Jugendliche

Erarbeitet von
Jürgen Kegler, Manfred Kuhn,
Stefanie Fischer-Steinbach, Martin Haßler,
Uly Steinhilber-Schlegel, Rolf Tönges,
Heike Vierling-Ihrig

Calwer Verlag Stuttgart
Deutsche Bibelgesellschaft Stuttgart
Diesterweg

Inhalt

Kursbuch Bibel: Steig ein und lies 3

Das Alte Testament (siehe vordere Umschlagseite) 4–87

Das Neue Testament (siehe hintere Umschlagseite) 88–153

Anhang.. 154–160

    Wie man das Bibellesen beginnen kann 154

    Die Autorinnen und Autoren: Mein Lieblingsbuch in der Bibel ist 156

    Stichwortverzeichnis 158

    Quellennachweis 159

Kursbuch Bibel: Steig ein und lies ...

Was steht eigentlich in der Bibel? So ein bisschen was weiß jeder, aber Genaues? Die Bibel ist ja ein so dickes Buch, wer liest das schon!

Sieben Leute – Du findest ihre Namen und Gesichter am Ende dieses Buches – haben sich zusammengesetzt und gesagt: Wir wollen kurz und knapp schreiben, was in jedem Buch der Bibel steht. Die Bilder sollen die Reise durch das Buch verschönern: Sie wollen helfen, zu verstehen; sie wollen manchmal auch provozieren und Deine Gefühle ansprechen. Du spürst dann, dass die Bibel etwas mit Heute zu tun hat.

Ein Gang durch die Bibel ist eine spannende Reise. Darum laden wir Dich ein: »Steig ein und lies ...« Wenn Du diese Reise bis zum Ende mitmachst, wirst Du sehr viel erlebt und vielleicht die Angst davor, selbst in die Bibel zu schauen, verloren haben. Wenn Du dann in der Bibel liest, wirst Du entdecken, dass die Geschichten in Wahrheit noch viel spannender sind als unsere kurzen Zusammenfassungen.

Was erwartet Dich beim Einsteigen?

Du findest alle Bücher der Bibel wieder, genau in der Reihenfolge, wie sie in der Bibel stehen. Nur: hier wird auf engem Raum das Allerwichtigste von jedem Buch nacherzählt.

Du findest in zwei unterschiedlichen Hintergrundfarben die beiden Testamente: das Alte Testament (sandfarben) und das Neue Testament (blau). Beide zusammen sind die Bibel der christlichen Kirchen. An vielen Stellen gibt es Verweise vom Alten zum Neuen Testament und umgekehrt. Dadurch wird deutlich: beide Teile gehören zusammen.
Zweimal haben wir eine Collage gemacht: eine mit vielen Gesichtern von Propheten, wie Künstler sie sich vorgestellt haben (Seite 54) – denn Fotos gab es damals noch nicht. Und eine mit vielen Gesichtern von Jesus, die zusammen ein Gesicht bilden (Seite 88). Wir wollen damit zeigen, dass sich Menschen immer wieder andere Bilder von Jesus gemacht haben und auch heute jeder sein Bild von Jesus in sich hat.

Die Zeichen, die Du vom MP3-Player kennst, haben wir genommen, um Zitate aus der Bibel (▶ ■) kenntlich zu machen. Die Zitate stammen aus der neuesten Ausgabe der Lutherbibel.
Einige Wörter haben das Zeichen (❚❚), sie werden am Rand erklärt. Und die Zeichen (⏪ ⏩) weisen voraus bzw. zurück auf andere Stellen der Bibel, die sich aufeinander beziehen.

Jetzt aber nichts wie los, umblättern – und eine »gute Reise«.

Paradies und Wirklichkeit –

Das Buch Genesis

Am Anfang der Bibel steht das Buch Genesis, auch das erste Buch Mose genannt. Genesis ist das griechisch-lateinische Wort für »Erschaffung«, »Schöpfung«. Darin geht es um den Anfang der Welt und den Anfang der Geschichte Gottes mit den Menschen. Auf unterschiedliche Weise wird in den ersten Kapiteln erzählt, dass Gott die Welt erschaffen hat und wie dies geschah.

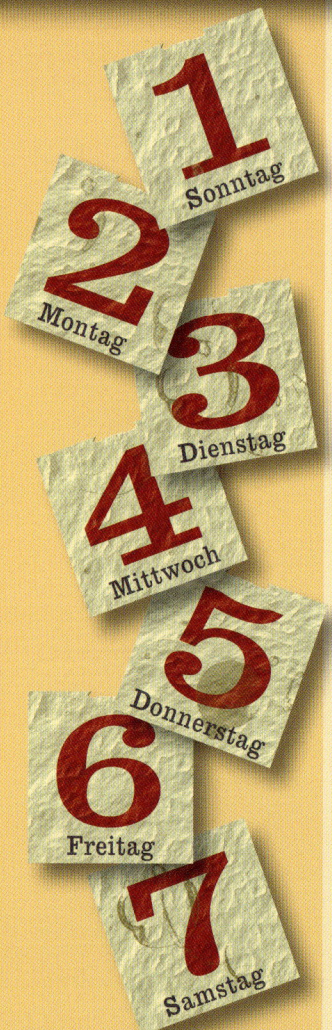

Erste Schöpfungserzählung

Die Schöpfungserzählung berichtet, dass Gott die Welt in sieben Tagen erschaffen hat. Die Reihenfolge der verschiedenen Schöpfungswerke, die sehr systematisch und logisch aufgebaut ist, entspricht naturwissenschaftlichen Erfahrungen der damaligen Zeit.

Erschaffen werden:
am ersten Tag das Licht,
am zweiten Tag der Himmel, das All,
am dritten Tag das trockene Land und die Pflanzen,
am vierten Tag Sonne, Mond und Sterne,
am fünften Tag Wassertiere und Vögel,
am sechsten Tag Landtiere und die Menschen als Gottes Ebenbild,
am siebten Tag der Sabbat als Ruhetag.
(1. Mose 1,1–2,4)
Die Fragen dahinter sind: Woher ist alles gekommen, was ist? Warum ist es da?

Zweite Schöpfungserzählung

Die zweite Schöpfungserzählung beschreibt, dass Gott zunächst einen wunderschönen Garten anlegt, den Garten Eden, ein Paradies. Er formt einen Mann (hebr. *Adam*) aus Erde (hebr. *Adamah*) und bringt ihn in den Garten. Der Mann ist allein. Die Tiere sind zwar um ihn, aber er ist trotzdem einsam. Darum erschafft der Schöpfergott eine Frau, Eva (hebr. *Chawah*, »die Lebendige«). Der Erzähler sagt damit: Die Frau ist so wertvoll wie der Mann – eine für die damalige Zeit revolutionäre Aussage. Mann und Frau sind aufeinander angewiesen, mehr noch, sie sind von dem Wunsch beherrscht, eins zu sein. Er erzählt, dass Gott die Frau aus der Rippe des Mannes machte, dass sie also »sein eigen Fleisch und Blut« ist (1. Mose 2,4–3,24). *Die Fragen dahinter sind: Woher komme ich, so wie ich bin? Warum ist das andere Geschlecht so anziehend?*

Nach der jüdischen Zählweise ist der Samstag der siebte Tag der Woche – deshalb ist der Sabbat der Ruhetag.

Die biblischen Erzähler erzählen so von der Erschaffung der Welt, wie sie es von ihren Vorfahren gehört haben. Wenn heute ein Christ von der Schöpfung der Welt erzählt, betont er wie seine biblischen Vorgänger, dass Gott es ist, der die Welt und alle Menschen auf ihr erschaffen hat und heute noch schafft.

So ist der Mensch – Das verlorene Paradies

Adam und Eva übertreten das Gebot Gottes. Sie essen eine verbotene Frucht vom Baum der Erkenntnis. Dafür werden sie von Gott bestraft: Der Mann muss hart arbeiten und die Frau erleidet bei der Geburt Schmerzen. Damit sie nicht auch vom Baum des Lebens essen, werden Adam und Eva auch aus dem Paradies vertrieben. *Die Frage dahinter ist: Warum gibt es schwere Arbeit und Schmerzen bei der Geburt?*

Der Erzähler zeigt, dass die Menschen von Anfang an Grenzen überschreiten wollen und dass sie die Folgen davon tragen müssen.

Adam und Eva bekommen zwei Söhne: Kain und Abel. Kain ist neidisch auf seinen Bruder Abel, er hasst ihn, er tötet ihn. Der erste Mord der Menschheitsgeschichte ist ein Brudermord. Diese schreckliche Möglichkeit steckt in uns Menschen, von Anfang an.

Gott vergilt nun nicht Gleiches mit Gleichem. Er verzichtet auf die Todesstrafe, ja er verhindert sie, indem er Kain mit einem Zeichen (dem so genannten Kainsmal) versieht und damit sein Leben schützt.

Neben Schuld und Strafe erzählt die Bibel aber auch von Gottes Segen, der die Menschen begleitet. Die Menschheit wächst und breitet sich aus, Kunst und Technik entstehen. Jedoch bleibt bei jeder Entwicklung die Gefahr, dass Menschen Fehler machen und Schuld auf sich laden.

Adam und Eva beschäftigen Künstler seit Jahrhunderten. Auch die moderne Werbung benutzt die beiden für ihre Zwecke.

Auch heute noch wird das Land in manchen Gegenden Palästinas genau so bestellt wie zu biblischer Zeit.

Sintflut: In allen Religionen und Kulturen gibt es die Erzählung von der großen Flut, die als Strafe für menschlichen Ungehorsam alles Leben auf der Erde zerstörte. Gott hat in der Arche Noah ein Paar von jedem Lebewesen gerettet und sich verpflichtet, künftig keine solche Strafe mehr zu verhängen.

Die Sintflut

Nur ein einziger Mensch, so wird weiter erzählt, lebt so, wie es Gott gefällt: Noah. Die übrigen Menschen sind so abgrundtief schlecht, dass Gott zornig wird. Durch eine gewaltige Naturkatastrophe, eine riesige Flut, die das ganze Land unter Wasser setzt, wird alles Leben vernichtet. Nur Noah, seine Familie und von jedem Tier ein Paar überleben in einem selbst gebauten Holzkasten (genannt Arche). *(1. Mose 6–9)*

Gott bekennt sich zu den Menschen

Nach der Flut verheißt Gott:

▶ **»Ich will hinfort nicht mehr die Erde verfluchen um der Menschen willen; denn das Dichten und Trachten des menschlichen Herzens ist böse von Jugend auf. Solange die Erde steht, soll nicht aufhören Saat und Ernte, Frost und Hitze, Sommer und Winter, Tag und Nacht.«** *1. MOSE 8,21-22*

Gott schließt einen Bund mit den Menschen: Der Regenbogen ist dafür das Zeichen. Das Bestehen der Welt – auch über Katastrophen hinweg – wird von Gott zugesagt, genauso wie die Zuwendung Gottes zu den Menschen auch nach schwerem Unrecht, wie Kain es an seinem Bruder Abel beging.

> **GOTT SCHLIESST EINEN EWIGEN BUND MIT DEN MENSCHEN: DER REGENBOGEN IST DAFÜR DAS ZEICHEN. DAS BESTEHEN DER WELT – AUCH ÜBER KATASTROPHEN HINWEG – WIRD VON GOTT ZUGESAGT.**

Menschen wollen es mit Gott aufnehmen – Der Turmbau zu Babel

Es bleibt spannend: Die Menschen wollen es mit Gott aufnehmen. Sie wollen sein wie Gott.

Maßlos überschätzen sie sich, als sie einen Turm bauen wollen, der bis zum Himmel reicht. Gott greift ein, so betont der Erzähler, und macht, dass sie sich nicht mehr verständigen können – seitdem gibt es verschiedene Sprachen. Der »Turmbau zu Babel« ist zu einem geflügelten Wort geworden, genauso wie die »babylonische Sprachverwirrung«. *(1. Mose 11)*

Jetzt fängt etwas Neues an, nämlich eine Geschichte Gottes mit einzelnen Menschen, die für viele oder auch alle Menschen eine große Bedeutung haben, über Generationen hinweg. Diese Geschichte führt dazu, dass das Volk Israel das Volk Gottes wird.
Zwei Dinge werden in dieser Geschichte deutlich:
• Gott meint es gut mit den Menschen.
• Wenn ein Mensch Gott vertraut, erfährt er Gottes Hilfe.

Abraham und Sara

Abraham ist 75 Jahre alt. Er hört in seiner Heimatstadt Haran im *Zweistromland* Gott zu sich sprechen:
»Geh aus deinem Vaterland und von deiner Verwandtschaft und aus deines Vaters Hause in ein Land, das ich dir zeigen will. Und ich will dich zum großen Volk machen und will dich segnen und dir einen großen Namen machen, und du sollst ein Segen sein.«
1. MOSE 12,1-2

Auf diese Zusage Gottes hin beginnt Abraham eine weite Reise. Er macht sich mit seiner Frau Sara, seinem Neffen Lot und seiner Großfamilie auf in das Land Kanaan. Als es dort zum Streit über Weideland kommt, trennen sich Lot und seine Leute von Abraham und dessen Familie und siedeln sich in der fruchtbaren Jordansenke nahe Sodom und Gomorra an.

Zweistromland: Fruchtbarer Landstrich zwischen den beiden Flüssen (»Strömen«) Euphrat und Tigris, der seit uralter Zeit besiedelt ist. Teile liegen in den heutigen Ländern Irak, Syrien und Türkei.

Ein Turm war und ist immer auch ein Symbol für die Macht seiner Besitzer bzw. Erbauer. Oben: Eine Turmpyramide im Irak; diese »Zikkurat« könnte Vorbild für die biblische Erzählung gewesen sein. Mitte: toskanische Stadt (San Gimigniano) mit mittelalterlichen Wohntürmen. Unten: ein Entwurf für das neue World-Trade-Center in New York.

Genesis – das erste Buch Mose

Gottes Versprechen wird wahr

Abraham und Sara sind inzwischen sehr alt, aber trotz Gottes Versprechen immer noch kinderlos. Doch eines Tages haben sie eine wunderbare Begegnung mit drei Fremden: Einer verspricht Abraham, dass Sara binnen Jahresfrist einen Sohn bekommen werde. Sara lacht über diese Verheißung, so ungeheuerlich findet sie das. Doch das Wunder geschieht: Sara bekommt einen Sohn. Isaak (hebr. »er lacht«) wird sein Name.

Abraham spürt: Hinter den drei Fremden steht Gott selbst. Dies wird in der anschließenden Szene deutlich, als die drei Fremden mit Abraham die Jordansenke Richtung Sodom und Gomorra hinunterschauen. Gott verurteilt die Vergehen der Bewohner: Sie haben die Gastfreundschaft verletzt. Darum kündigt Gott die Vernichtung der Städte an. Doch Abraham verhandelt mit Gott! Er soll Sodom wegen der gerechten Menschen, die es dort bestimmt auch gibt, verschonen. Zunächst geht Gott darauf ein. Als Abraham jedoch nur noch mit zehn Gerechten rechnet, wird die Verhandlung ergebnislos abgebrochen. Gott sorgt dafür, dass Lot und seine Familie fliehen können. Allerdings stellt er eine Bedingung: Sie dürfen sich bei der Flucht nicht umdrehen. Lots Frau jedoch schaut noch einmal zurück und erstarrt zu einer Salzsäule. Die anderen ziehen – wie von Gott befohlen – weiter. Sodom und Gomorra werden durch eine gewaltige Naturkatastrophe vernichtet.

Isaaks »Bindung«

Gott stellt Abraham auf eine Probe und befiehlt ihm, seinen einzigen Sohn zu opfern. Abraham gehorcht. Aber im letzten Moment wird ihm von einem Boten Gottes ein Schafbock gezeigt, den er anstelle seines Sohnes opfern soll. So geschieht es. An dieser Geschichte wird deutlich, dass Gott Gehorsam will, nicht aber die Opferung eines Menschen. Abraham erfährt noch eine besondere Gnade: Gott schließt mit ihm einen Bund. Er verheißt ihm viele Nachkommen und den Besitz des Landes. Das Zeichen des Bundes ist die Beschneidung. Als Sara in hohem Alter stirbt, wird sie in Hebron bestattet. Abraham hatte dort ein Grundstück erworben. (*1. Mose 22*)

Der ägyptische Gott Amun auf einer Trage (7.–5. Jh. v. Chr.). Auf einem ähnlichen Tragegestell hat man sich auch die Bundeslade (▶▶ S. 14) vorzustellen.

Genesis – das erste Buch Mose

Isaak und Rebekka

Abraham erlebt noch vor seinem Tod, dass sein Sohn Isaak eine junge Frau aus seiner Heimat Haran mit Namen Rebekka heiratet. Wie es zu dieser Ehe kam, erzählt die schöne Liebesgeschichte im 24. Kapitel des Buches Genesis. Auch hier wirkt Gott.

Jakob und Esau

Auch Isaak und Rebekka warten lange Jahre vergeblich auf Nachwuchs. Als sie endlich Kinder bekommen, sind es Zwillinge: Jakob und Esau. Die Brüder haben jahrelang ein gespanntes Verhältnis. Jakob kauft Esau dessen Erbrecht ab – für eine Schüssel Linsensuppe. Und Jakob erschleicht sich durch eine List den »*Segen*« (▶ Seite 17) des Vaters Isaak, der eigentlich dem Erstgeborenen Esau zusteht.
Jakob muss vor Esau fliehen. Gott gibt ihm auf der Flucht die Zusage: ▶ **»Ich bin mit dir und will dich behüten, wo du hinziehst, und will dich wieder herbringen in dies Land. Denn ich will dich nicht verlassen, bis ich alles tue, was ich dir zugesagt habe!«** ◼
1. MOSE 28,15

Später kehrt Jakob zurück und versöhnt sich mit seinem Zwillingsbruder Esau.

Gott hilft dem Menschen auch in schwierigsten Situationen – Die Josefserzählung (1. Mose 37–50)

Jakob hat zwölf Söhne. Der zweitjüngste, Josef, hat ein sehr aufregendes Leben. Und trotzdem erlebt er, dass Gott mit ihm ist.
Josef ist Jakobs Lieblingssohn – und weil er ständig den anderen vorgezogen wird, wird er beneidet und gehasst. Josef hat einen seltsamen Traum und erzählt davon: Die Brüder sollen sich vor ihm verneigen. Das ärgert sie. Da beschließen sie kurzerhand, ihn zu töten. Ruben, Josefs ältester Bruder, kann dies gerade noch verhindern, indem er vorschlägt, ihn in

Über Jahrtausende waren Karawanen für den Warenaustausch zuständig. So gelangten exotische Güter von Asien bis in den Orient.

Die zwölf Söhne Jakobs sind die Ahnherren der zwölf Stämme Israels, auf die später das Land Kanaan aufgeteilt wurde.
▶▶ Karte Seite 23.

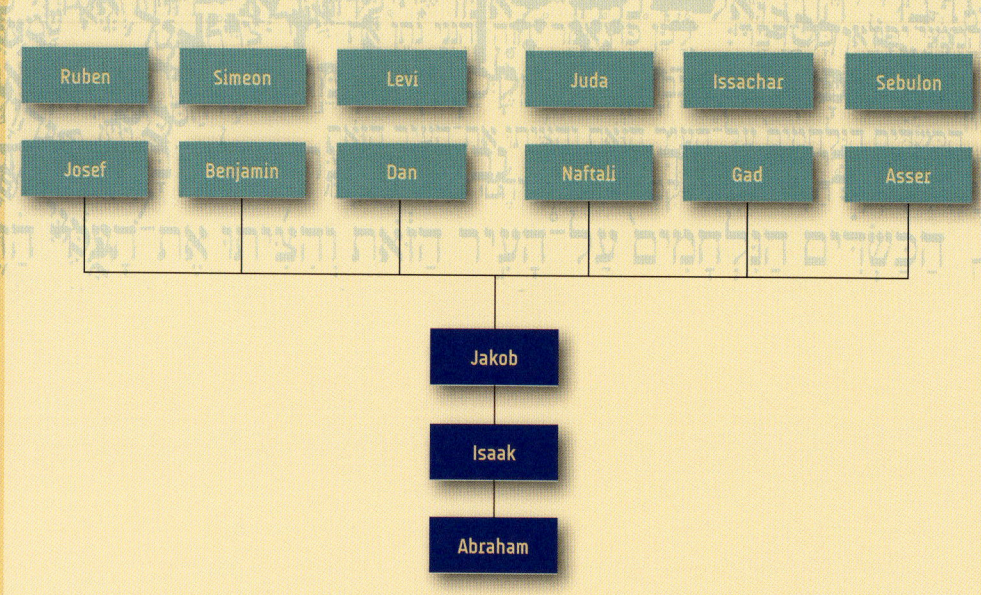

Zisterne: Unterirdisch angelegter Wasserspeicher. In biblischer Zeit meist in den Fels geschlagene, mehrere Meter tiefe Aushöhlungen, in denen das Regenwasser gesammelt wurde. Wasserlose Zisternen wurden gelegentlich als Gefängnis genutzt.

Mundschenk: Königlicher Bediensteter von hohem Rang, der in der direkten Umgebung des Königs für den Wein(keller) verantwortlich war.

eine *Zisterne* zu werfen (dort wollte er ihn später befreien). Als zufällig eine Karawane vorbeikommt, die auf dem Weg nach Ägypten ist, verkaufen die Brüder Josef. Seine Kleider tränken sie in Ziegenblut und zeigen sie dem bestürzten Vater. Sie behaupten, ein wildes Tier habe Josef zerrissen.

Gottes Geschichte mit Josef geht weiter – eine Geschichte des Aufstiegs

Als die Karawane mit Josef in Ägypten ankommt, wird dieser als Sklave an den königlichen Beamten Potifar weiterverkauft. Er ist fleißig und begabt und macht Karriere; Josef wird zum Verwalter des ganzen Besitzes. Doch der Erfolg währt nicht lange. Potifars Frau will Josef verführen. Aber Josef will das Vertrauen seines Herrn nicht missbrauchen und weist sie zurück. Potifars Frau ist tief gekränkt und rächt sich grausam. Sie behauptet, Josef habe mit ihr schlafen wollen. Potifar lässt Josef daraufhin ins Gefängnis werfen. Aber auch dort erfährt Josef Gottes Hilfe. Er wird Aufseher über seine Mitgefangenen.
Josef deutet die Zukunft aus den Träumen zweier königlicher Gefangener richtig: Der eine wird getötet, der andere wird wieder in sein altes Amt als *Mundschenk* des Königs eingesetzt. Einige Zeit später träumt der mächtige ägyptische Pharao. Doch niemand kann seine Träume deuten. Da erinnert sich der Mundschenk an Josef, den er einst im Gefängnis kennen gelernt hatte und der ihm seinen Traum richtig deuten konnte.
Josef wird zum Pharao gebracht. Mit Gottes Hilfe deutet er seine Träume: In Ägypten wird es sieben Jahre Überfluss geben, danach werden sieben Hungerjahre kommen. Er schlägt dem Pharao vor, Getreide aus den guten Jahren für die Hungerjahre zu speichern. Daraufhin kommt es zu einer Sensation: Der ägyptische Pharao macht Josef zu seinem Stellvertreter! Man stelle sich das einmal vor: Ein Ausländer wird stellvertretender Herrscher über die Großmacht Ägypten!

Das Wiedersehen

Es kommen die guten und die schlechten Jahre, wie Josef es vorhergesagt hat. Josef sorgt in den guten Jahren dafür, dass große Kornspeicher gebaut und gefüllt werden. Dann kommt die Notzeit; die Hungersnot herrscht auch in Kanaan. Als Jakob hört, dass in Ägypten Getreide zu kaufen sei, schickt er seine Söhne dorthin (bis auf den jüngsten, Benjamin), um Getreide zu kaufen.
Ausgerechnet bei Josef müssen sie vorsprechen. Sie erkennen ihn aber nicht. Josef hingegen erkennt seine Brüder. Er bezichtigt sie zum Schein der Spionage und verlangt als Zeichen ihrer Ehrlichkeit, den jüngsten Bruder zu holen. Einer der Brüder, Simeon, muss als Geisel in Ägypten bleiben. Auf dem Weg erinnern sie sich daran, was sie Josef einst angetan hatten, und sehen das, was jetzt geschieht, als Strafe an. So kehren die zehn Brüder mit Getreide, aber ohne Simeon nach Kanaan zurück.

Konflikte zwischen Geschwistern sind durchaus normal. Es kommt darauf an, wie sie gelöst werden.

Josef vergibt

Erneut machen sie sich auf den weiten Weg nach Ägypten, dieses Mal mit ihrem jüngsten Bruder Benjamin, den der Vater nur schweren Herzens ziehen lässt. Wieder kommen sie vor Josef, den sie noch immer nicht erkennen (auch er schweigt). Sie werden fürstlich empfangen und bewirtet. Doch dann stellt Josef die Brüder noch einmal auf die Probe: Er lässt seinen Silberbecher in das Gepäck Benjamins schmuggeln und verabschiedet sie freundlich. Doch schon nach kurzer Zeit lässt er sie stoppen, weil sein Becher gestohlen worden sei. Der Becher wird bei Benjamin gefunden. Benjamin droht die Todesstrafe. Voller Verzweiflung bietet sich Juda, einer der Brüder, an seiner Stelle an. Juda erzählt Josef, dass ihr Vater den Tod seines jüngsten Sohnes nicht überleben würde, nachdem er den Verlust ihres zweitjüngsten Bruders, Josef, nie überwunden habe. Die Brüder bekennen vor Josef ihre Schuld, die sie an ihm getan haben. Nun kann Josef vergeben. Er gibt sich zu erkennen und vergibt ihnen: »Um eures Lebens willen hat mich Gott vor euch her gesandt!«
Nun werden Jakob und die Verwandten aus Kanaan geholt. Der Friede ist wieder hergestellt, die Hungersnot gebannt. Jakob kommt mit seiner ganzen Familie nach Ägypten und stirbt dort in hohem Alter. Auf dem Sterbebett segnet er alle seine zwölf Söhne und die Söhne des Josef, seine Enkel. Jahre später sagt Josef selbst vor seinem Tod zu den Brüdern:

▶ »Ihr gedachtet es böse mit mir zu machen, aber Gott gedachte es gut zu machen.« 1. MOSE 50,20

> Wenn ein Israelit später in Ägypten fragte: »Wie sind wir denn hierhergekommen?«, dann wurde diese Geschichte erzählt.

Befreiung und Bewahrung –

Das Buch Exodus

Das Buch Exodus (»Auszug«) erzählt die Geschichte von der Flucht der Israeliten aus Ägypten, der Wanderung durch die Wüste und dem Einzug in das Land, das Gott ihnen versprochen hatte.

Israel in der Sklaverei

Durch Josef kommt die Familie Jakobs, der auch Israel heißt, nach Ägypten.
Die Familie wächst zu einem großen Volk heran. Die Ägypter bekommen Angst, das fremde Volk könnte zu mächtig werden. Sie beginnen die Israeliten zu hassen. Der ägyptische König, der Pharao, will die Israeliten ausrotten. Sie müssen Sklavenarbeit im Mündungsgebiet des Flusses Nil verrichten. Dort müssen sie Städte bauen. Die Gegend ist sumpfig, es ist heiß und die Arbeit ist sehr hart. Viele Israeliten sterben. Aber es sind dem Pharao nicht genug Tote. Darum beschließt er, dass alle kleinen Jungen bei der Geburt getötet werden sollen. Die Israeliten sind verzweifelt. Sie beten zu Gott und schreien ihre Not vor ihm heraus. Gott hört ihr Gebet. Er will Israel retten.

Gottes Rettungsaktion beginnt mit einem Säugling

Ein kleiner israelitischer Junge kommt auf die Welt. Seine Mutter versteckt ihn in einem Weidenkörbchen im Schilf am Nilufer. Seine Schwester passt auf, dass die Krokodile den Kleinen nicht fressen. Da kommt eine Prinzessin, eine Tochter des Pharao, an den Fluss. Sie findet den kleinen Jungen und hat Mitleid. Sie will ihn bei sich aufnehmen. Aber sie braucht eine Amme, die den Säugling stillen kann. Die Schwester des kleinen Jungen weiß Hilfe: eine Israelitin, ihre Mutter, könnte das Baby doch säugen … Später wächst der Junge am Hof des Pharao auf. Er heißt Mose.

Mose bekommt eine umfassende Ausbildung

Am Hof des Pharao lernt Mose vieles für später. Aber eines Tages muss er fliehen. Er kommt nach Midian. Dort heiratet er die Tochter eines Priesters. Bei seinem Schwiegervater lernt er viel über Religion und Gottesdienst. Viel Zeit vergeht, und immer noch leiden die Israeliten in Ägypten.

▶ **Ich-bin-da-für-euch:** So wird das sog. Tetragramm, JHWH, gedeutet (2. Mose 3,14); der Name Gottes gilt im Judentum als heilig und sollte nicht ausgesprochen werden. Deshalb sind Vokale und Konsonanten aus zwei Wörtern zusammengesetzt und somit »unaussprechlich«.

Gottes Name ist Programm: »Ich-bin-da-für-euch« ▶

Eines Tages passiert Mose etwas Merkwürdiges. Er ist draußen in der Wüste, die nur wenige Kilometer rechts und links des Nils beginnt. Er sieht einen Busch brennen, der aber nicht verbrennt. Als er näher hingeht, hört er eine Stimme aus den Flammen: »Komm nicht näher, das ist heiliger Boden.«
Da weiß Mose, wer da spricht, denn heilig ist nur Gott und was zu Gott gehört. »Ich will die Israeliten retten«, sagt Gott. »Du sollst sie aus Ägypten führen.« Mose erschrickt und wehrt

sich: »Ich, wieso ich? Wer bin ich denn gegen den Pharao?« »Ich gehe mit dir«, verspricht Gott. »Gut, aber wer bist du? Was soll ich sagen, wenn sie mich fragen?« wendet Mose ein. »Sag ihnen, der ICH-BIN-DA-FÜR-EUCH hat mich geschickt.« *(2. Mose,3,14)*

Mose und Aaron verhandeln mit dem Pharao

Mose kann nicht anders. Er muss gehen. Mose trifft seinen Bruder Aaron und gemeinsam gehen sie zum Pharao. Sie wollen mit ihm über die Freilassung verhandeln. Aber der Pharao will die Israeliten nicht freilassen. Da lässt Gott Katastrophen über Ägypten hereinbrechen. Zehn schreckliche Plagen folgen nacheinander und stürzen das Land ins Elend. Doch der Pharao bleibt hartherzig.

Zur Flucht bereit – das Passa

Schließlich tötet Gott alle Erstgeborenen in Ägypten in einer Nacht. Nur die Israeliten bleiben verschont. Sie haben von Gott den Auftrag bekommen, ein Lamm zu schlachten und mit dem Blut die Türpfosten zu bestreichen. Sie sollen gemeinsam das *Passamahl* (▶ Seiten 21, 103) halten und das Lamm essen. Dabei sollen sie alle bereit sein für den Abmarsch, wenn der Pharao sie ziehen lässt.

Das Wunder am Schilfmeer: Gott führt Israel aus der Angst in die Freiheit

In dieser Nacht lässt der Pharao die Israeliten schließlich frei. Und die Freigelassenen ziehen aus Ägypten. Gott führt sie. Tagsüber durch eine Wolkensäule, nachts durch eine Feuersäule. Doch kaum sind sie weg, überlegt es sich der Pharao wieder anders. Er verfolgt die Israeliten. Aber Gott rettet sein Volk, indem er sie trockenen Fußes durch das Schilfmeer hindurchführt. Die ägyptischen Soldaten, die die Israeliten verfolgen, lässt Gott im Meer ertrinken. Als sie in Sicherheit sind, stimmt Mirjam, die Schwester des Mose, ein Loblied für Gott an.

Der Weg durch die Wüste

Das Volk Israel ist unterwegs durch die Wüste. Die Strapazen sind groß. Hunger und Durst plagen die Menschen. Da fangen sie an zu maulen: »Wären wir bloß in Ägypten geblieben, da wären wir wenigstens nicht verhungert. Hat Gott uns gerettet, um uns in der Wüste verhungern zu lassen?«

Aber Gott sorgt für sein Volk. Er gibt zu essen und zu trinken. Die Israeliten sind sich sicher: Wasser und *Manna*, ▶ *das Brot vom Himmel* sind von Gott. Ein Wunder! Auch beschützt Gott sie unterwegs im Kampf gegen Feinde. Da spüren die Israeliten: »Nur Gott haben wir unser Leben und unsere Freiheit zu verdanken.«

▶ Manna: Mit diesem Nahrungsmittel versorgte Gott die Israeliten auf dem Weg durch die Wüste. Manche Forscher halten es für ein honigtropfenähnliches Sekret von Schildläusen, das bis heute als Süßungsmittel verwendet wird.

Auch heute fliehen Menschen aus schlechten Lebensumständen und versuchen mit allen Mitteln ins »gelobte Land« Europa zu gelangen.

Ungleiche Partner – der Bund fürs Leben

Da ruft Gott Mose wieder zu sich. »Ich will, dass wir, Israel und ich, zusammengehören. Auf ewig!« Mose wandert vom Berg zurück und fragt das Volk. Das Volk ist einverstanden. »Als freie Menschen sollt ihr zufrieden und in Frieden leben«, sagt Gott.
Der Bund wird besiegelt und Mose bekommt zwei Steintafeln mit den Geboten.
Damit man sie an den Fingern abzählen kann, sind es zehn Regeln für das Leben in Freiheit:

Die Zehn Gebote (2. Mose 20,1-17)

Weitere Regeln für das Leben in Freiheit schützen vor allem die Schwachen und Benachteiligten.

Irrwege: Der Tanz um das goldene Kalb

Während Mose wieder bei Gott auf dem Berg ist, wird das Volk ungeduldig. Sie wollen den Gott sehen, zu dem sie beten. Sie basteln sich ein goldenes Stierbild und beten es an.

Gott ist bereit zum Neuanfang

Als Mose mit den Gesetzestafeln vom Berg zurückkehrt und er die Israeliten um das goldene Kalb tanzen sieht, wird er sehr zornig. Er zerschmettert in seiner Wut die gerade erhaltenen Gesetzestafeln. Aber viel schlimmer ist: Auch Gott ist zornig. Mit Mühe gelingt es Mose, Gott gnädig zu stimmen. Schließlich erneuert Gott den Bund mit seinem Volk Israel, und Mose bekommt zwei neue Tafeln. Die beiden Tafeln legt Mose in einen Kasten. Der Kasten mit den Tafeln, das ist die *Bundeslade* 🔢: ein Heiligtum für unterwegs.

🔢 **Bundeslade:** Eine Art Kasten, mit Tragestangen versehen und mit Gold überzogen, in dem das Volk Israel nach der biblischen Darstellung die Steintafeln mit den »Zehn Geboten« aufbewahrte. Auf dem Deckel waren zwei Cheruben (Engel), die wohl als Sitz der unsichtbaren Gegenwart Gottes gedacht waren.

Levitikus – das dritte Buch Mose

Opfer und Versöhnung –
Das Buch Levitikus

Das Buch Levitikus hat seinen Namen von den Leviten. Leviten sind Priester aus dem Stamm Levi. Das Buch enthält viele Vorschriften, die die Priester beachten müssen: Vorschriften über Opfer, über Dienste im Tempel und über Reinheit und Unreinheit.

Opfer

Durch ein Opfer soll das gestörte Verhältnis zwischen einem Menschen und Gott wieder in Ordnung gebracht werden. Wer durch Krankheit oder Berührung von Toten unrein geworden ist oder eine Sünde begangen hat oder Schuld auf sich geladen hat, der konnte im Tempel eine Opfergabe darbringen und so Gott um Vergebung bitten. Es gab verschiedene Opferarten:

- **das Brandopfer** – hier wurde ein ganzes Tier verbrannt, es sollte ausschließlich Gott gehören;
- **das Speiseopfer** – es wurde in Form von Kuchen auf den Altar gelegt;
- **das Gemeinschafts-Schlachtopfer** – hier wurde nur ein Teil Gott gegeben; das meiste wurde von den Familien, die das Opfer darbrachten, verzehrt;
- **das Sündopfer** – es wurde dargebracht, wenn jemand Schuld auf sich geladen hatte;
- **das Räucheropfer** – es wurde bei Gottesdiensten in Form von Weihrauch dargebracht.

Wer reich war, opferte ein Kalb. Für die israelitischen Nomaden mit ihren Schaf- und Ziegenherden war das kostbarste ein Jungtier. Deshalb opferten sie junge Lämmer oder Böcke. Wer arm war, opferte eine Taube. Bei Jesu Geburt opferten Maria und Josef Tauben – ein Zeichen, dass sie arm waren.

Kein Blut essen oder trinken

Im pulsierenden Blut sitzt das Leben; davon waren die Israeliten überzeugt. Das Leben gehört Gott. Darum darf Blut nicht gegessen werden, sondern muss in der Erde versickern. So wird es dem Kreislauf des Geschaffenen zurückgegeben. Und ein Tier muss vollständig ausbluten, bevor es verzehrt werden darf.

Heute werden Kerzen entzündet oder eine Geldspende als Dankopfer gegeben. Für den Liederdichter Paul Gerhardt ersetzen »dankbare Lieder Weihrauch und Widder, an welchen Gott sich am meisten ergötzt«. (Ev. Gesangbuch 449,3)

Großer Versöhnungstag

Ein besonderes »Tieropfer« geschah an einem ganz hohen Feiertag, dem »Großen Versöhnungstag« (hebr. *Jom Kippur*). Da wurde ein Ziegenbock ausgewählt. Der Priester legte die Hand auf seinen Kopf und übertrug dabei die Sünden des ganzen Volks auf den Bock. Dann wurde der Bock hinaus in die Wüste getrieben. Er trug gleichsam die Sünden des ganzen Volkes hinaus in die Wüste. Von diesem Kultbrauch stammt das Wort »Sündenbock« und die Formulierung »Jemanden in die Wüste schicken ...« her.

Reine und unreine Tiere

Es gibt Tiere, die ein frommer Jude nicht essen darf, weil es so im Buch Levitikus steht. Zu den unreinen Tieren gehören: Schwein, Hase, alle Vögel, die Aas fressen (z.B. Geier), und alle Wassertiere, die keine Schuppen und Flossen haben (z.B. Garnelen).

Keine Mischung von Fleisch und Milch

Wen machen wir zum »Sündenbock«? Wen schicken wir »in die Wüste«, weil er/sie uns nicht passt oder einfach nur anders ist als wir?

Ein frommer Jude hat auch heute noch getrenntes Geschirr für Fleischspeisen und Milchspeisen. Jede Mischung von Fleisch und Milch ist verboten (also keine Sahnesoße über dem Braten!). Dies ist eine Folge des Gebots: *»Du sollst das Böcklein nicht in der Muttermilch kochen.«* (2. Mose 23,19). Da man nie weiß, woher die Milch und das Fleisch kommen, wird eben beides streng getrennt!

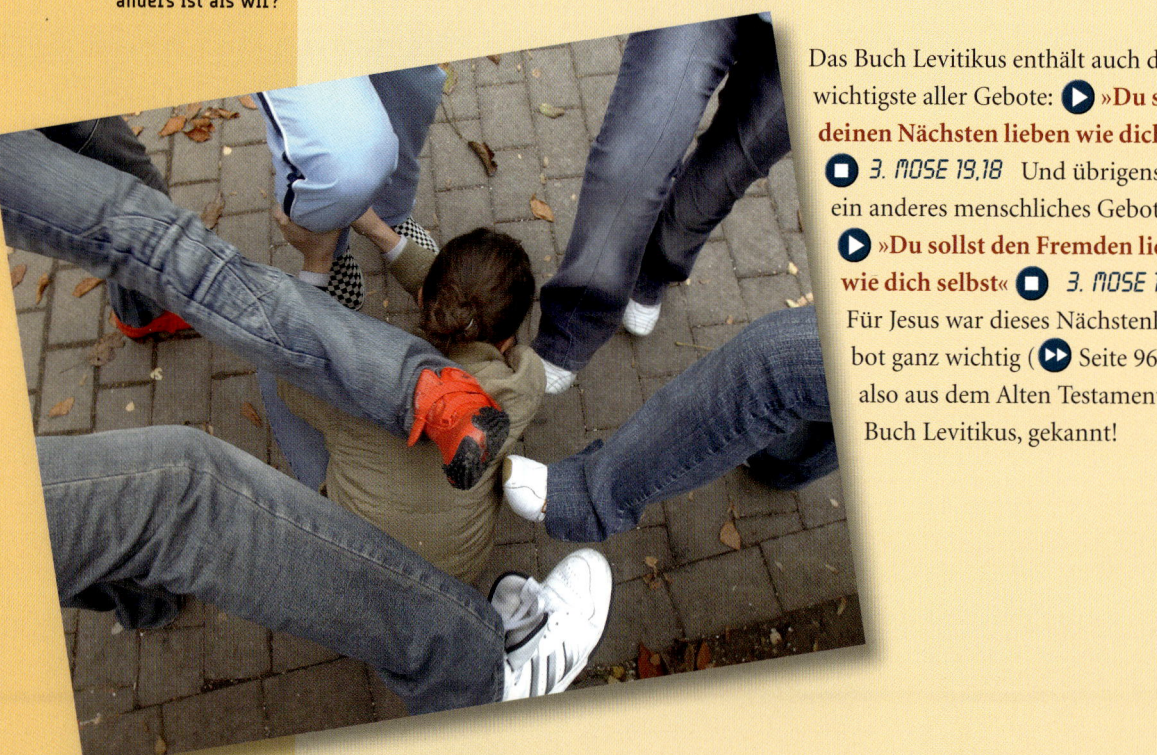

Das Buch Levitikus enthält auch das wichtigste aller Gebote: ▶ **»Du sollst deinen Nächsten lieben wie dich selbst.«** ◼ **3. MOSE 19,18** Und übrigens auch ein anderes menschliches Gebot: ▶ **»Du sollst den Fremden lieben wie dich selbst«** ◼ **3. MOSE 19,34.** Für Jesus war dieses Nächstenliebegebot ganz wichtig (⏩ Seite 96). Er hat es also aus dem Alten Testament, aus dem Buch Levitikus, gekannt!

Trotz allem: Segen –

Das Buch Numeri

Noch befindet sich das Volk Israel am Sinai. Mose hat die Gebote bekommen und auf die Steintafeln geschrieben. Der *Kult* ▶ und das Opfern von Tieren haben begonnen. Jetzt wird das Volk gezählt (daher der Name des Buches: Numeri = Zahlen). Die erste Volkszählung der Geschichte ergibt 603 550 Männer!

Aarons Segen

Erneut spricht Gott mit Mose und teilt ihm den *Segen* ▶ mit. Aaron soll mit diesen Worten künftig das Volk segnen. Es ist derselbe Segen, der bis heute jeden unserer Gottesdienste beschließt:

▶ »Der HERR segne dich und behüte dich; der HERR lasse sein Angesicht leuchten über dir und sei dir gnädig; der HERR hebe sein Angesicht über dich und gebe dir Frieden.«
▫ 4. MOSE 6,24-26

Konflikte in der Wüste

Nun brechen alle vom Sinai auf. Doch schon bald kommt es zu Konflikten:
- Gott hatte die Israeliten bisher mit *Manna* (vgl. die Erklärung oben bei ◀ Exodus), versorgt. Nun aber wollen die Leute Fleisch essen. Es geschieht ein Wunder: Berge von Vögeln (Wachteln) liegen jeden Morgen als Speise bereit, doch als die Leute anfangen, Vorräte für mehrere Tage zu sammeln, verwesen sie.
- Statt dass immer nur Mose befiehlt, wo es lang geht, wollen andere auch mitreden. Wieder geschieht ein Wunder: Gott selbst erklärt, dass Mose weiterhin das Sagen hat.
- Eine Gruppe von Israeliten versucht einen Aufstand, weil sie wollen, dass Mose sie mitbestimmen lässt: doch durch ein schreckliches Ereignis (sie fallen in einen Erdspalt, der sich plötzlich öffnet) kommen sie ums Leben.

Die Oase Kadesch

Nach langem Marsch durch die Wüste kommen die Israeliten nach Kadesch Barnea.
Alle haben Durst. Mose steht schon wieder unter enormem Druck und klagt Gott an. Der bewirkt ein Wunder: Mose schlägt mit seinem Stab gegen den Fels, und es kommt Wasser heraus. Noch heute ist Kadesch eine blühende Oase an einem Wasserbach. Aber Mose muss diese eigenmächtige Tat teuer bezahlen. Er wird hart bestraft, weil er zu wenig auf Gott vertraut hat. Er darf das verheißene Land nicht betreten, sondern nur von ferne sehen.

▶ **Kult:** Alle Formen des Gottesdienstes durch die Priester: Gebet, Gesang, Lesung, Tieropfer usw.

▶ **Segen:** Ein besonderer Zuspruch, oft mit der Geste der Handauflegung verbunden. Segen ist eine Kraft Gottes für den Gesegneten; diese Kraft kann sich in all dem zeigen, was einem guten Leben dient, wie Fruchtbarkeit, Lebenskraft, Glück, Gedeihen.

Wasser in der Wüste – Klimaforscher sagen voraus, dass es in Zukunft viele erbitterte Konflikte wegen Wasserknappheit geben wird.

Das Land, in dem Milch und Honig fließen

Dabei ist es nicht mehr weit bis zum verheißenen Land. Mose sendet zwölf Kundschafter aus, die das gelobte Land erkunden sollen. Sie kommen zurück mit einer riesigen Weintraube und der Nachricht: Das Land ist wunderbar, fruchtbar und schön. Aber es wohnen dort Riesen in befestigten Städten. Daraufhin bekommen die Leute Angst und wollen nicht mehr weiterziehen. Weil sie Gott zu wenig vertraut haben, müssen sie von nun an vierzig Jahre durch die Wüste wandern, bis die nächste Generation herangewachsen ist. – Erst sie darf das Land betreten.

Siege über Sihon und Og

Das Land, in dem Milch und Honig fließen! Immer wieder steht dieser Begriff für eine lebenswerte Zukunft in einem neuen Land. Für die Auswanderer des 19. Jahrhunderts war Amerika das gelobte Land. Für die Menschen der so genannten Dritten Welt sind es heute die westlichen Industrieländer.

In der Wüste kommt es zu Kriegen. Der erste Krieg mit einem anderen Volk endet mit einem Sieg der Israeliten. Anschließend ziehen sie östlich des Jordans nach Norden und besiegen zwei Könige: den König Sihon von Heschbon und den König Og von Baschan. Damit ist das ganze Gebiet östlich des Jordan erobert (▶▶ *Karte Seite 23*).

Bileams Segen

Da geschieht etwas Einmaliges. Der König von Moab lässt einen Seher, Bileam, kommen, damit er – gegen Bezahlung – einen Fluch über Israel spricht. Der Fluch soll bewirken, dass das Volk verschwindet. Aber Bileam gehorcht nur seinem Gewissen, seiner inneren Stimme – der Stimme Gottes. Die sagt ihm, dass er segnen und nicht fluchen soll – und er segnet Israel. Insgesamt viermal! Das wird in einer wunderschönen Geschichte erzählt, in der eine sprechende Eselin die Hauptrolle spielt. *(4. Mose 22–24)*

Verteilung des Landes im Osten

Das im Osten eroberte Gebiet wird verteilt. Zwei Stämme (Ruben, Gad) und die Hälfte eines dritten Stammes (Manasse) können sich dort ansiedeln. Josua wird in einem feierlichen Akt mit Handauflegung zum Nachfolger Moses eingesetzt.

Oasen in der Wüste

In einer langen Liste werden alle Raststationen Israels auf dem Weg durch die Wüste aufgezählt. Einige davon sind noch heute bekannt und dienen den Nomaden (auf dem Sinai) als Oasen.

Das Deuteronomium

Das Gesetz zum Ersten, zum Zweiten und zum ... –

Das Deuteronomium (Zweites Gesetz) ist als Abschiedsrede Moses an sein Volk gestaltet, in der die wichtigsten Erfahrungen, Gesetze und Gebote zusammengefasst sind. Mose ermahnt in dieser Rede das Volk, seinem Gott die Treue zu halten, der es bis hierher geführt und beschützt hat.

Erinnert euch

Wenn ihr fremde Götter anbetet, werdet ihr aus dem Land verschwinden müssen, das euch Gott gegeben hat. Ihr werdet in fremde Länder verschleppt und müsst dort fremden Göttern dienen. Ihr könnt aber zu Gott zurückkehren und auf ihn hören. Denn er ist barmherzig. Er hält für immer an dem Bund fest, den er mit euch geschlossen hat. Ihr seid Gottes Volk.

Der wichtigste Text im Deuteronomium ist das jüdische Glaubensbekenntnis:

▶ **Höre, Israel: Der HERR ist unser Gott, der HERR allein. Und du sollst den HERRN, deinen Gott, lieb haben von ganzem Herzen, von ganzer Seele und mit all deiner Kraft.**
◻ 5. MOSE 6,4-5

Und die Israeliten werden aufgefordert: Bewahrt diese Worte gut: Schreibt diese Worte auf ein Band und tragt sie an der Stirn und an der Hand. Schreibt sie auch an die Pfosten eurer Tür.

An dieses Gebot halten sich Juden bis heute: In jedem jüdischen Haus hängt eine kleine Kapsel an der Tür, die Mesusah. Sie enthält einen kleinen Zettel, auf dem das »Höre, Israel ...« steht.

Regeln für den Umgang miteinander

Mose legt dem Volk das Gesetz Gottes ans Herz und schärft ihnen ein: Haltet euch an die Gebote, dann wird Gott euch segnen und es wird euch gut gehen. Denkt aber immer daran, dass ihr all das Gott verdankt und nicht euch selbst.
Außer den Zehn Geboten enthält das Deuteronomium viele weitere Regeln und Gebote. Sie sind die Grundlage für ein soziales Miteinander:

Beim Beten legen Juden Gebetsriemen an: Sie befestigen ebenfalls kleine Behälter am Handgelenk, am Oberarm und an der Stirn, die dieses Bekenntnis enthalten.

A. Regeln, die Verarmung verhindern sollen:
- In jedem siebten Jahr sollen die Schulden erlassen werden.
- Von Landsleuten dürfen keine Zinsen genommen werden. Die Israeliten werden zur Großzügigkeit mit den Armen ermahnt und zum achtsamen Umgang miteinander.
- Niemand soll betrügen, niemandem soll Hilfe verweigert werden. Zum Beispiel: »Wenn jemand so arm ist, dass er seinen Mantel verpfänden muss, dann behaltet das Kleidungsstück nicht über Nacht. Er hat sonst nichts, um sich zuzudecken.«
- Für Ausländer, Witwen und Waisen soll nach der Ernte etwas auf den Feldern zurückgelassen werden, damit sie sich versorgen können.
- Mundraub ist erlaubt, und wer arbeitet, soll auch essen.

B. Bestimmungen für Männer und Frauen:
- Frauen sollen vor Verleumdung und Vergewaltigung geschützt werden.
- Ehebruch soll bestraft werden.
- Niemand darf sich im Namen eines Gottes prostituieren.
- Geschiedene sollen nicht ein zweites Mal heiraten.
- Eine kinderlose Witwe soll ihren Schwager heiraten, damit der Familienname weiterlebt.

C. Bestimmungen für das Heer:
- Keiner, der sich fürchtet, soll kämpfen müssen.
- Wer etwas Lebenswichtiges zu Hause zu erledigen hat, soll zu Hause bleiben.
- Die Frischverheirateten sollen ebenfalls keinen Wehrdienst leisten.
- Den Städten, die angegriffen werden, soll angeboten werden, sich kampflos zu ergeben. Nur wenn sie das ablehnen, soll Krieg geführt werden. Frauen und Kinder sollen am Leben gelassen werden.
- Wer eine Kriegsgefangene heiratet, soll ihr Zeit zum Trauern lassen. Er soll sie nicht als Sklavin behandeln.

D. Bestimmungen für Sklaven:
- Sklaven sollen sechs Jahre arbeiten und im siebten Jahr sollen sie freigelassen werden.
- Sie sollen entlohnt werden. Entlaufenen Sklaven soll geholfen werden.

Regeln für das Rechtswesen

- Kinder haften nicht für ihre Eltern und Eltern nicht für ihre Kinder. Jeder soll nur für seine eigene Schuld bestraft werden.

- Richter sollen unbestechlich sein – unparteiisch und gerecht gegenüber jedem, ob Israelit, ob Ausländer, angesehen oder unbekannt. Bei Unklarheiten sollen die Richter vom Stamm Levi entscheiden.

- Der König soll ein Israelit sein. Er soll kein großes Reiterheer haben. Er soll auch nicht viele Frauen heiraten und keinen Reichtum anhäufen. Täglich soll er im Gesetz Gottes lesen und sich danach richten. Das wird ihn davor bewahren, sich für wichtiger als die anderen Menschen zu halten.

Asylorte

- Es soll Zufluchtsstätten für Menschen geben, die einen anderen unabsichtlich getötet haben. Dort sind sie vor Verfolgung sicher.

Wichtig sind im Deuteronomium auch Vorschriften, die sich auf die Religion beziehen:

Fremde Kulte

- Wer Götzendienst betreibt oder andere dazu verführt, soll sterben. Keiner soll Geister beschwören oder Magie betreiben.

Auch wenn das Alte Testament vielfach einen anderen Eindruck hinterlässt: Gott ist kein Gott des Krieges und der Gewalt! Das zeigen ganz deutlich seine Regeln für das Heer und seine Bestimmungen zum Umgang mit Sklaven. Keiner soll zum Dienst an der Waffe gezwungen werden. Das Bild zeigt einen Aufkleber der Friedensbewegung in Deutschland.

Der Mondgott Sin aus Harran (8. Jh. vor Chr.)

Deuteronomium – das fünfte Buch Mose

Das Heiligtum

- Es soll nur ein Heiligtum geben, an einem Ort, den Gott sich auswählen wird. Alle anderen Kultstätten sollen zerstört werden.
- Die Menschen aus dem Stamm Levi sollen im Heiligtum dienen. Die Priester werden mit versorgt. Sie haben Anspruch auf einen gewissen Teil der Opfertiere.

Die drei wichtigsten Feste, die im Heiligtum gefeiert werden, sind:

1. Das Passafest als Erinnerung an die Befreiung aus Ägypten
Es wird auch das Fest der ungesäuerten Brote genannt, weil bei diesem Fest kein Sauerteig gegessen wird. Damit denken die Israeliten an den Auszug aus der Knechtschaft in Ägypten. Dieser Aufbruch musste so schnell gehen, dass keine Zeit war, den Teig durchsäuern zu lassen.

Passa ⏪ Seite 13
und ⏩ Seite 103

2. Das Wochenfest
Sieben Wochen nach Beginn der Ernte wird das Wochenfest gefeiert. Je nachdem, wie gut die Ernte ausfällt, spenden die Menschen freiwillig von ihren Erträgen an die Armen der Gesellschaft, die Witwen, die Waisen und die Fremden. Es ist ein fröhliches Fest, bei dem sich alle freuen sollen.

3. Das Laubhüttenfest
Sieben Tage nach dem Ende der Weinernte soll das Laubhüttenfest gefeiert werden. Es heißt so, weil kleine Hütten aus Zweigen aufgebaut werden, in denen gefeiert wird.
Diese Feste heißen Wallfahrtsfeste, weil die Männer Israels dann jedes Mal zum Heiligtum zogen, um zu feiern. Sie machten eine »*Wallfahrt*« ⏸.

⏸ Wallen = gehen, pilgern

Mose befiehlt den Israeliten, das ganze Gesetz auf steinerne Tafeln zu schreiben.
Alle Stämme sollen sich aufstellen. Die Leviten sollen das Gesetz vorlesen und die Stämme sollen nach jedem Gebot bestätigen: Verflucht ist, wer sich nicht an dieses Gebot hält.
Das Gesetz soll alle sieben Jahre vorgelesen werden. Mose schärft den Israeliten ein: Ihr habt die Wahl zwischen Segen und Fluch, zwischen Leben und Tod.

Am Schluss seiner Rede steigt Mose auf den Berg Nebo, wo ihm Gott das Land Kanaan zeigt. Mose stirbt. Nach ihm gab es keinen Propheten mehr, der Gott von Angesicht zu Angesicht begegnet ist.

Noch heute wird in Israel das Laubhüttenfest gefeiert. Familien bauen auf Balkon oder Terrasse kleine Laubhütten und feiern darin.

Das verheißene Land –

Das Buch Josua

»Gott hilft« – das bedeutet der hebräische Name Josua. Josua ist der Nachfolger des Mose. Er ist von Gott beauftragt, die zwölf Stämme Israels in das versprochene Land zu führen. Er soll das Gebiet erkunden und erobern sowie an die einzelnen Stämme durch das Los verteilen. Josua ist der Heerführer des Volkes Israel, der viele Schlachten um das neue Land gewinnt.

Josua ist überzeugt, dass die Israeliten es schaffen werden, sich in dem von Gott versprochenen Land niederzulassen. Denn Gott hilft ihnen stets, wenn das ganze Volk seine Gebote hält. Wenn nicht, dann hilft er nicht. Mit Gottes Hilfe erobern sie ihren neuen Lebensraum. ▶ **»Siehe, ich habe dir geboten, dass du getrost und unverzagt seist. Lass dir nicht grauen und entsetze dich nicht; denn der HERR, dein Gott, ist mit dir in allem, was du tun wirst.«** ◼ JOSUA 1,9

Das Volk Israel erkennt dies an. Die Bundeslade ist auf ihrem Weg immer mit dabei. Sie *beschneiden* ⏸ zunächst ihre Söhne und feiern in der Stadt Gilgal, ihrem ersten Lagerplatz im neuen Land, das Passafest. Doch kommt es auch zu Missachtungen des Gesetzes.

⏸ **Beschneidung:** Entfernung der Vorhaut des männlichen Glieds am 7. Tag nach der Geburt durch dafür besonders ausgebildete Beschneider. Den Juden gilt sie als Zeichen des Bundes mit Gott (vgl. 1. Mose 17,11.13). Als Initiationsritus (»Eintrittsritus«) in einen religiös bestimmten Lebensabschnitt ist sie auch im Islam und vielen anderen Religionen verbreitet.

Nach Jericho gehen zwei Spione. Sie wohnen im Haus einer Hure namens Rahab. Doch man erkennt die israelischen Kundschafter. Als der König von Jericho der Hure befiehlt, die Männer herauszugeben, versteckt sie diese auf ihrem Dach und verhilft ihnen zur Flucht. Rahab und ihre Familie werden daraufhin bei der Eroberung Jerichos durch die Israeliten verschont.
Gott vollbringt Wunder: bei Jericho muss das Volk den Jordan überqueren. Gott hält das Wasser an, so dass das Volk gefahrlos ans andere Ufer laufen kann.

Die Stadt Jericho scheint uneinnehmbar, doch Gott hat einen Plan: Sechs Tage lang soll das ganze Heer täglich einmal um die ganze Stadt ziehen. Am siebten Tag sollen sie siebenmal die Stadt umrunden mit sieben Priestern und sieben Posaunen vorweg. Alle erheben ein Kriegsgeschrei, als die Posaunen erklingen. Da fallen die Stadtmauern von Jericho ein und Israel kann die Stadt einnehmen.

Aber auch den Feinden Israels gelingt ein Teilsieg. Die Gibeoniten erschwindeln sich einen Friedensvertrag mit Israel, indem sie vorgeben, aus einem weit entfernten Land zu stammen. Josua verflucht sie, als ihr Betrug erkannt wird. Sie müssen nun als Knechte leben.

Erneut siegten die Israeliten später bei Gibeon. Gott hilft ihnen durch ein Wunder. Er lässt große Steine vom Himmel regnen.

Nachdem das neue Land eingenommen und auf die zwölf Stämme verteilt ist, verabschiedet sich Josua mit zwei Reden vom Volk. Er ermahnt es, Gottes Gesetze stets zu achten und zu halten, und verbietet ihnen, mit Angehörigen anderer Völker Ehen zu schließen und ihre Religion zu übernehmen.

Das Buch Josua

Gott verspricht seinem Volk Israel, ihm weiteres Siedlungsland zu geben und es dorthin zu begleiten. Doch Gott knüpft an die Gabe des Landes eine Bedingung: das ganze Volk muss seine Gebote achten, sie einhalten und ausführen. Und Gott hält sein Wort! Das Volk erobert mit seiner Hilfe das gelobte Land, das er ihm versprochen hat: Israel, das Land, in dem »Milch und Honig« fließen. Die zwölf Stämme – Ruben, Gad, Manasse, Juda, Efraim, Benjamin, Simeon, Sebulon, Issachar, Asser, Naftali, Dan – lassen sich im Land nieder. Die Nachkommen der Söhne Jakobs siedeln östlich und westlich des Jordanflusses. – Das Gute, das Gott ihnen versprochen hat, ist für sie eingetroffen!

vgl. Seite 10: Efraim und Manasse sind die Söhne Josefs. Da der Stamm Levi als Priesterstamm kein Land besitzen darf, treten Manasse und Efraim an die Stelle von Josef und Levi.

Die Aufteilung des verheißenen Landes auf die zwölf Stämme Israels nach dem Buch Josua.

Das Buch der Richter

»Es gab noch keinen König in Israel und jeder tat, was er für richtig hielt« –

Das Buch der Richter

Die Richterzeit umfasst die Zeit in der Geschichte Israels, »als es noch keinen König gab«. Für viele Führungsaufgaben wurden einzelne Leiter vom Volk gewählt.

Wer oder was ist ein Richter?

Wenn wir das Wort »Richter« hören, denken wir zunächst an die Menschen, die bei Gericht Recht sprechen. Für die Zeit des Alten Testaments gilt diese Vorstellung nur bedingt. Das Richteramt gab es im Alten Israel zu einer Zeit, als es noch keine Könige gab. Die Richter hatten viele Aufgaben zu erfüllen, die sonst ein König übernimmt: Kriege führen, religiöse Fragen klären und Streit schlichten. Im Unterschied zu Königen wurden sie in ihr Amt gewählt, hatten keinen Palast und keinen Hofstaat, sondern lebten in dem Beruf und an dem Ort, an dem sie schon vor ihrer Wahl zu Hause waren.

Damals wie heute selten: Frauen in Führungspositionen. Hier Bundeskanzlerin Angela Merkel mit dem israelischen Präsidenten Simon Perez anlässlich der Feierlichkeiten zum 60. Geburtstag des Staates Israel 2008.

Die Situation

Es ist fast immer das Gleiche: Die Stämme des Volkes Israel werden von Feinden – Philister, Ammoniter und Midianiter – bedroht, angegriffen und unterdrückt. Diese Unterdrückung wird als Folge der Untreue der Israeliten gegen Gott verstanden. In ihrer Not suchen diese einen Anführer, dem sie zutrauen, dass er sie befreien kann, eben einen Richter. Ist ihm die Befreiung gelungen, scheidet er wieder aus dem Amt – und lebt wie vorher. Erst in späterer Zeit scheint das Richteramt eine Dauereinrichtung geworden zu sein.

Debora – eine Frau als Richterin

Auch Frauen konnten im Alten Israel zur Richterin gewählt werden. Die Richterin Debora zieht in Begleitung ihres Richterkollegen Barak gegen Sisera, den Anführer der Feinde. Durch Gottes Hilfe erringen die Israeliten den Sieg. Sisera flieht und sucht Unterschlupf im Zelt von Jaël, einer israelitischen Frau. Diese erkennt, um wen es sich handelt, beherbergt Sisera aber zunächst freundlich. Erst als er eingeschlafen ist, tötet sie ihn, indem sie ihm einen Zeltpflock durch den Schädel treibt. Stolz besingen Debora und Barak ihren Sieg in einer Siegeshymne, die »Deboralied« genannt wird. Ganz besonders rühmen sie darin den Mut und die Tapferkeit der Frauen.

▶ **»Still war's bei den Bauern, ja still in Israel, bis du, Debora, aufstandest, bis du aufstandest, eine Mutter in Israel.«** RICHTER 5,7

Gideon – der Listige

Eine riesige Übermacht von Feinden, so zahlreich wie ein Schwarm Heuschrecken, unterdrückt die Israeliten. Der Richter Gideon soll sie wieder vertreiben und das Land befreien. Gideon sammelt seinerseits ein großes Heer um sich. Aber Gott beauftragt ihn, nach und nach sein Heer von über 30 000 Soldaten auf 300 Kämpfer zu verkleinern: Gott wird den Sieg erringen, nicht das Heer der Israeliten. In einem perfekt geplanten Überfall vertreiben Gideon und seine 300 Soldaten das gewaltige Heer der Feinde.

Gideons Sohn Abimelech versuchte später, sich zum König über Israel zu machen. Mit großer Brutalität und Grausamkeit bringt er zunächst alle Brüder um – siebzig an der Zahl. Nur der jüngste Bruder – Jotam heißt er – entkommt. Als nun Abimelech das Volk versammelt hat, um sich zum König ausrufen zu lassen, ruft Jotam der Versammlung eine Geschichte zu, die so genannte *Jotams-Fabel* ▐▌. Sie soll verdeutlichen, dass die Wahl von Abilemech zum König ein Fehler war.

Das Volk hat den selbst ernannten König nach nur kurzer Regierungszeit satt: Bei seinem Versuch, eine Stadt zu erobern, wirft eine Frau Abimelech einen Mühlstein auf den Kopf!

Jeftah – der Tragische

Schon Jeftahs Kindheitsgeschichte verläuft traurig: Weil er der Sohn einer Nebenfrau ist, wird er später aus der Familie verstoßen. Als dann Israel wieder einmal von Feinden bedrängt wird – diesmal sind es die Ammoniter –, erinnern sich die Leute an Jeftah. Er hat inzwischen bei zwielichtigen Typen das Kämpfen gelernt. Jeftah kehrt zurück und wird der Anführer gegen die Feinde. Noch bevor er in den Krieg zieht, legt er ein verhängnisvolles Versprechen ab: Sollte er siegreich und unverletzt aus dem Krieg zurückkehren, will er Gott ein Opfer bringen: Was ihm bei der Rückkehr aus dem Krieg aus der Haustür entgegenkommt, soll geopfert werden. Er siegt, kehrt zurück – und seine Tochter, sein einziges Kind, läuft ihm singend entgegen …

Simson und Delila – die Berühmten

Die Erzählung beginnt mit einem Wunder: Simsons Mutter war über viele Jahre kinderlos. Ein Engel kündigt ihr die Geburt eines Sohnes an. Dieser soll sich aus religiösen Gründen nie die Haare schneiden und auch keinen Wein trinken. Simson wird ein starker Held, wie man ihn selten findet: Er besiegt einen Löwen, erschlägt dreißig Betrüger, danach tausend Feinde.

Feinde – das sind für Simson die Philister. Weil er ihnen schwer zusetzt, überlegen sie, wie sie ihn unschädlich machen können. Delila, in die sich Simson verliebt hat, ist ihnen dabei behilflich.

▐▌ **Jotams-Fabel**

In dieser Fabel suchen die Bäume einen König. Der nährende Ölbaum lehnt ab, ebenso wie der süße Feigenbaum. Auch der Freude verheißende Weinstock weigert sich. Schließlich erklärt sich der Dornbusch bereit. Er verspottet seine Untertanen und bedroht sie für den Fall, dass sie ungehorsam werden.

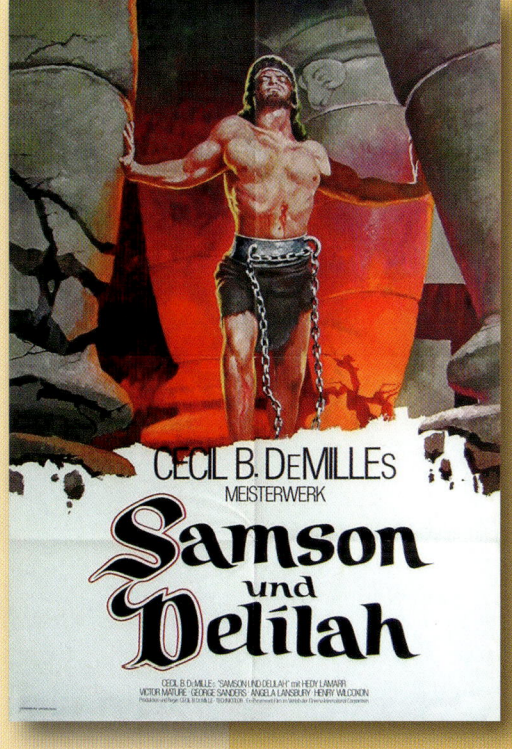

Simson wird von Gott mit übermenschlichen Kräften ausgestattet.

Simson erzählt seiner Geliebten das Geheimnis seiner Kraft: Weil er sich sein Leben lang noch nie die Haare geschoren hat, verfügt er über übermenschliche Kräfte. Delila schneidet ihm im Schlaf mit der Schere einige Locken ab, und siehe da, die heldenhafte Stärke ist von ihm gewichen. Sie liefert Simson den Philistern aus, die ihm die Augen ausstechen und ihre Späße mit ihm treiben. Aber es gelingt Simson ein letztes Mal, sich an ihnen zu rächen. Er bringt das Haus, in dem die Philister ihren Sieg feiern, zum Einsturz und reißt 3.000 Philister mit sich in den Tod.

Die Schandtat von Gibea und ihre Folgen

Auf der Heimreise von einem Besuch bei Verwandten übernachtet ein Mann mit seiner Frau und einem Knecht in der Stadt Gibea. Einige kriminelle Bürger dieser Stadt verlangen von dem Gastgeber, dass er den Gast herausgibt: Sie wollen sich über ihn hermachen. Der Gastgeber weigert sich. Stattdessen liefert er die Frau des Gastes aus. Die Belagerer vergewaltigen die Frau so, dass sie an den Folgen stirbt. – Nun ruft der Ehemann alle Stämme Israels zu einem Rachefeldzug gegen den Stamm Benjamin auf, in dessen Gebiet die Stadt Gibea liegt. Und in der Tat: Alle Stämme beteiligen sich an diesem Feldzug: Die Leute von Gibea sollen getötet, »das Böse aus Israel ausgetilgt« werden. – Der Krieg wird so radikal geführt, dass von Gibea und dem Stamm Benjamin fast nichts mehr übrig bleibt. Die Israeliten schwören zudem, dass kein Benjaminiter eine ihrer Töchter heiraten darf. Um den Stamm Benjamin vor dem Aussterben zu bewahren, helfen sie ihnen aber, sich in benachbarten Städten Frauen zu stehlen.

Dieses Relief zeigt Kriegsgefangene, die durch ihre Kopfbedeckung als Philister erkennbar sind.

Eine Liebesgeschichte ...

Das Buch Rut

Das kleine Buch erzählt eine doppelte Liebesgeschichte: Die Liebe der Schwiegertochter Rut zu ihrer Schwiegermutter Noomi ist so stark, dass Rut ihre Heimat (Moab) aufgibt und in die Heimat Noomis (Israel) zieht. Und die Liebe zwischen Rut und dem Landbesitzer Boas entwickelt sich so stark, dass Rut sogar den ersten Schritt auf ihn zu geht. Ohne diese Beziehung, die auch die Grenzen zwischen verschiedenen Völkern überwindet, gäbe es sogar den König David nicht!

In Bethlehem plagt eine Hungersnot die Bevölkerung. Ein Bewohner, Elimelech, wandert mit seiner Frau Noomi und ihren beiden Söhnen aus, und zwar über die Grenze hinweg in den Nachbarstaat Moab. Zwischen Moab und Israel hat es immer wieder Kriege gegeben – so ist die Auswanderung ein Risiko. Doch zunächst geht alles gut: Sie bauen sich eine neue Existenz auf, die Söhne nehmen sich Moabiterinnen zur Frau. Doch es kommt, dass nacheinander alle drei Männer der Familie sterben. Noomi beschließt, nach Bethlehem zurückzukehren, denn dort leben noch Verwandte, dort hofft sie, im Alter Unterstützung zu finden. Die beiden Schwiegertöchter, Orpa und Rut, wollen Noomi begleiten. Doch Noomi will das nicht, sie sollen in ihrer Heimat bleiben. Orpa bleibt, Rut aber sagt:

> ▶ »Wo du hingehst, da will ich auch hingehen; wo du bleibst, da bleibe ich auch. Dein Volk ist mein Volk, und dein Gott ist mein Gott.« ◼ RUT 1,16

In Bethlehem angekommen, stellt sich für beide Frauen ein Problem: Wovon sollen sie leben? Zum Glück gibt es ein Gesetz, das befiehlt, beim Ernten von Getreide an den Rändern und Ecken der Felder Ähren stehen zu lassen, damit arme Menschen kommen können, um sich diese Ähren zu suchen. Rut geht auf das Feld von Boas, einem reichen Gutsbesitzer. Zugleich ist er ein weitläufiger Verwandter von Elimelech. Nun hat es ein junges hübsches Mädchen, allein auf dem Feld, nicht leicht: Die Knechte machen anzügliche Bemerkungen und versuchen billige Anmache. Boas erfährt dies und untersagt es seinen Knechten. Mehr noch: Er schenkt Rut einen Sack voller Getreide.
In einer Nacht geht Rut heimlich zu Boas und legt sich zu seinen Füßen, in der Hoffnung, nicht abgewiesen zu werden. Und tatsächlich: Boas schützt Rut nicht nur, sondern er gewinnt sie lieb. Aber es gibt ein Problem: Nach dem Gesetz muss der nächste Verwandte des Elimelech Rut heiraten und die Kinder aus dieser Ehe als Kinder des Elimelech, nicht als die eigenen, anerkennen.
Der nächste Verwandte ist aber nicht Boas, sondern ein anderer. Die ganze Stadt versammelt sich, um zu entscheiden: Boas liebt Rut und will sie heiraten, nach dem Gesetz aber muss der andere Verwandte Rut heiraten. Kann er sie bekommen? Die Geschichte endet doppelt glücklich: Der nächste Verwandte verzichtet auf Rut, Boas heiratet Rut und sie bekommt einen Sohn, Obed. Dieser Obed wird der Großvater des Königs David! So hat David, der große König von Juda und Israel, eine moabitische Urgroßmutter!

Wer hat die Macht? –

Das 1. Buch Samuel

Das 1. Buch Samuel ist nach dem letzten der Richter Israels benannt. Es schildert zwei wichtige Übergänge in der Geschichte Israels: den Übergang von der Richter- zur Königszeit und den Übergang von mehreren Heiligtümern zu einem zentralen Heiligtum. Um den Propheten Samuel und die ersten beiden Könige Israels, Saul und David, kreisen die wichtigsten Erzählungen dieses Buches.

Samuel

Samuel ist der Älteste der drei Hauptpersonen. Schon seine Geburt ist von wunderbaren Umständen begleitet: Nach vielen leidvollen Jahren der Kinderlosigkeit bringt Hanna, seine Mutter, Samuel zur Welt. Er wächst beim Priester Eli auf und übernimmt von ihm das Richteramt; denn Elis Söhne sind Gauner: Sie bereichern sich an den Opfern für Gott – wenn es sein muss, sogar mit Gewalt.

Die Menschen wollen einen König – wie die Nachbarvölker. Samuel warnt vor dem Königtum, denn er vertritt die Meinung, dass Gott alleiniger König für Israel sein soll. Aber weil die Menschen in Israel nicht locker lassen, hält er schließlich zähneknirschend Ausschau nach einem geeigneten Kandidaten.

Verschiedene Geschichten erzählen von der Königssuche: Einmal sucht der junge Saul die entlaufenen Eselinnen seines Vaters – und findet das Königsamt. Ein andermal wird Saul durch das Los zum König bestimmt. Und in einer dritten Geschichte wird er im Anschluss an einen Sieg über ein Nachbarvolk auf den Königsthron gehoben.

Das wechselvolle Schicksal des Königs Saul führt dazu, dass Samuel ihm später das Königsamt wieder entzieht: Nun muss Samuel einen neuen König suchen. Er findet ihn bei der Familie Isai in Bethlehem. Sein Name ist David. Nach einer Zeit der Freundschaft zwischen Saul und David entbrennt zwischen den beiden ein heftiger Kampf um das Königtum. Samuel erlebt die endgültige Entscheidung in diesem Kampf nicht mehr: Er stirbt vorher und wird im Heiligtum in Rama begraben.

Saul

Saul ist ein »Strahlemann«: »Niemand unter den Israeliten war so schön wie er«, heißt es *(1. Sam 9,2)*. Dazu stammte er noch aus einer angesehenen Familie: Der Start Sauls als König war verheißungsvoll! Und in den Anfangsjahren seiner Regierungszeit kann er viele Erfolge verbuchen: Er besiegt mehrmals die Feinde unter den Nachbarvölkern, obwohl diese zum Teil überlegen sind und modernere Waffen haben. Auch im Innern gewinnt Saul das Ansehen seines Volkes. Aber es gelingt ihm nie, seinen ältesten Sohn Jonatan als Thronfolger durchzusetzen und damit seine Familie auf Dauer zur Königsfamilie zu machen.

Der Stern Sauls beginnt zu sinken, als er bei einem Kriegszug gegen ein Nachbarvolk nicht konsequent den Willen Gottes beachtet: Nach Gottes Weisung hätte Saul den »Bann vollstrecken« müssen, das heißt, er hätte den besiegten König umbringen und auch die besten

Beutetiere töten müssen. Aber Saul unterlässt dies. Er lässt den besiegten König am Leben und verschont auch die besten Beutetiere, um sie für sich zu behalten. Samuel spricht ihm daraufhin das Königsamt ab und kündigt an, die Königswürde einem Besseren zu geben. Von nun an ändert sich das Verhältnis zwischen Saul und David: David, der zunächst als Harfespieler am Königshof lebt, wird zum Rivalen Sauls, der ihn umbringen will. Jonatan, Sauls Sohn, ist ein guter Freund Davids und schützt ihn vor den Mordabsichten seines Vaters. Auch beim Volk gehen die Sympathien von Saul auf David über. David erweist sich von nun an als großherziger Kontrahent im Kampf um die Macht: Zweimal verschont er Saul, obwohl er ihn töten könnte. *(1. Sam 24 und 26)*

In seiner Verzweiflung geht Saul zu einer Totenbeschwörerin, um den schon verstorbenen Samuel über sein weiteres Schicksal zu befragen: Diese sagt ihm aus dem Totenreich seine Katastrophe voraus: Bei einem Kriegszug werden die Söhne Sauls im Kampf getötet; er selbst stürzt sich in sein Schwert: Der Strahlemann endet elend. *(1. Sam 28 und 31)*

David

Er ist der kleinste von sieben Brüdern, die Samuel begutachtet, als er einen neuen König sucht. Aber die Wahl fällt auf ihn, David soll es sein und kein anderer – er ist der Auserwählte Gottes. ▶ **» Aber der HERR sprach zu Samuel: Sieh nicht an sein Aussehen und seinen hohen Wuchs; ich habe ihn verworfen. Denn nicht sieht der HERR auf das, worauf ein Mensch sieht. Ein Mensch sieht, was vor Augen ist; der HERR aber sieht das Herz an. «** 1. SAMUEL 16,7
Aus menschlicher Sicht bringt er viele Eigenschaften mit, die ein König gut gebrauchen kann:
• Er ist tapfer und hat als Hirte mit einem Löwen gekämpft.
• Er ist militärisch erfahren und erfolgreich; denn im Dienst der Philister hat er als Anführer einer – zwielichtigen – Truppe viele Kämpfe siegreich bestanden.
• Außerdem ist er beliebt beim Volk.

Auf der anderen Seite fällt auch mancher Schatten auf sein Ansehen:
• Die Kämpfer, die ihn am Anfang seines öffentlichen Auftretens umgeben, nennt die Bibel »Gesindel«.
• Hemmungslos begeht er Ehebruch mit Batseba und lässt dann auch noch ihren Mann umbringen.
• Den Überbringer der Todesnachricht von König Saul verurteilt er zum Tode.
Trotz dieser dunklen Züge in seiner Persönlichkeit ist und bleibt David der Auserwählte Gottes. Durch sein ganzes Leben schimmert das »Ja« Gottes zu ihm. Während bei Saul, dem großen Rivalen Davids, ein tragischer Grundton unverkennbar ist, umgibt David in Sieg und Niederlage das Gefühl: Gott ist mit ihm. Er ist in Licht und Schatten eine faszinierende Gestalt.

Eine der bekanntesten Geschichten aus dem ersten Buch Samuel ist der Kampf des Hirtenjungen David mit dem riesigen Philisterkämpfer Goliat. Dieser Kampf endet mit dem Sieg des kleinen unscheinbaren David. Er ist bis heute das Paradebeispiel dafür, wenn es ein Kleiner mit einem Großen aufnimmt. *(1. Sam 17)*

David, David über alles? –
Das 2. Buch Samuel

Im zweiten Samuelbuch wird König David zum Hauptthema der meisten Erzählungen. Die Schilderungen über sein Königtum, seine Bedeutung und seine Erfolge, aber auch seine Fehler und sein Versagen werden hier in 24 Kapiteln zusammengetragen.

Endlich ein richtiger König!

Als orientalischer König hatte David viele sehr schöne Frauen. Aber die Gier ließ ihn Gottes Gebot vergessen und er begehrte die Frau seines Nächsten. Er beging einen Mord, um diese Frau zu besitzen.

Saul war eigentlich nie ein »richtiger« König. Das schien David gespürt zu haben, und entsprechend ging er zur Sache: Zuallererst vertreibt er den (vor-)letzten Sohn Sauls, der im Norden König sein will. David stellt klar: Ich bin allein König von ganz Israel. Aber er denkt noch weiter: Endlich soll es auch eine richtige Hauptstadt geben! In einer genialen militärischen Aktion – die Eroberer steigen durch einen Brunnenschacht in die von den Jebusitern beherrschte Stadt – macht er Jerusalem zur Hauptstadt Israels; sie ist es bis zum heutigen Tag! Und weil diese Stadt das religiöse Zentrum werden soll, holt er auch den kultischen Gegenstand nach Jerusalem, der für alle Israeliten am wichtigsten war: die *Bundeslade* (⏪ Seite 14). Dass er bei ihrem Transport in Ekstase halbnackt und singend vor der Lade hertanzt, findet seine Frau Michal unwürdig für einen König – aber so ist David nun einmal! *(2. Sam 6)*

Aber was für ein König!?

Ein König – wie im Märchen. Ein König, der alles hat: Macht, Reichtum, Ansehen – und zahlreiche Frauen in seinem Harem. Aber das alles ist nicht genug: Als er in der Nachbarschaft einer schönen Frau beim Baden zuschaut, lässt er sie, Batseba, in seinen Palast holen – und schläft mit ihr. Sie wird daraufhin schwanger, und das Unheil nimmt seinen Lauf, denn von ihrem eigenen Mann, Uria, kann sie nicht schwanger sein. Uria, ein Soldat Davids, kämpft gerade im Krieg für seinen König. Durch verschiedene Intrigen sorgt David dafür, dass Uria umkommt. *(2. Sam 11)* – Im Auftrag Gottes spricht der Prophet Nathan mit dem König und hält ihm dabei einen Spiegel vor. David versteht nicht, was der Prophet ihm damit vor Augen führt, und verurteilt sich selbst nichtsahnend zum Tode ... Am Ende trifft dieses Urteil aber nicht ihn, David, sondern das Kind, das aus seiner Beziehung mit Batseba stammt. *(2. Sam 12)*

Weg mit dem König!!!

Die uralte Rivalität zwischen dem Nordreich Israel und dem Südreich Juda schwelt auch unter dem mächtigen König David weiter. Einer seiner Söhne, Absalom, macht sich die Unzufriedenheit der Nordreich-Bewohner zunutze und versucht, seinen Vater von der Macht zu vertreiben. In der Anfangsphase seines Aufruhrs ist Absalom sehr erfolgreich, David muss aus Jerusalem fliehen. Aber mit viel Geschick und mit der Hilfe von Getreuen, die in Jerusalem zurückgeblieben sind, kann David den Aufruhr niederschlagen. Obwohl er seine Soldaten anweist, Absaloms Leben zu schonen, töten sie ihn auf der Flucht: Mit seinen langen Haaren hatte sich Absalom in den Ästen eines Baumes verfangen.

Absalom bleibt mit den Haaren in einem Baum hängen.
Eine Illustration aus dem 19. Jahrhundert von Julius Schnorr von Carolsfeld.

Rückblick auf 40 Jahre Königtum Davids

Das zweite Samuelbuch schließt mit der Erzählung über eine Volkszählung, die David durchführen lässt: Er will wissen, wie stark er ist. Dies missfällt Gott. Er bestraft David dafür schwer: Drei Tage lang wütet die Pest in seinem Land. Trotzdem war und bleibt David der Liebling Gottes.

An seinem Leben können wir ablesen, was es heißt, ein Auserwählter Gottes zu sein. König David hat auf doppelte Weise eine bleibende Faszination hinterlassen:
Im Judentum ist der Glaube lebendig geblieben, dass ein »Gesalbter« aus der Nachkommenschaft Davids Israel retten soll.

Im Christentum, in den Evangelien, wird Jesus als »Sohn Davids« bezeichnet und damit als »Gesalbter« Gottes hervorgehoben.

Glanz und Vielfalt –
Das 1. Buch der Könige

Das 1. Buch der Könige schildert das Ende von König David, die Aufteilung Israels in Nordreich und Südreich sowie schließlich die Eroberung Jerusalems durch die Babylonier, die Zerstörung des Tempels und die Verschleppung der Stadtbewohner ins Exil.

Hofintrigen

Das 1. Buch der Könige beginnt mit den letzten Lebenstagen König Davids. Er ist alt, ihn friert. Man lässt ein junges Mädchen kommen, ihn zu wärmen. Es ist klar, dass David nicht mehr regieren kann.

Sein Sohn Adonija will Thronfolger werden: Er bereitet schon ein Fest für seine Krönung vor. Das erfährt der Prophet Natan. Er verschwört sich mit Batseba. Sie geht zum alten König David und behauptet, er habe ihr versprochen, dass ihr Sohn Salomo König werden solle. David bejaht es. Daraufhin lässt Natan schnell Salomo zum König salben. Adonija hört davon. Er weiß, dass sein Leben nun gefährdet ist, und flieht zum Altar.

Salomo

Kaum ist Salomo an der Macht, lässt er viele seiner Gegner umbringen. Von da an aber regiert er als ein Friedenskönig. Sein Reich ist sehr wohlhabend, aus aller Welt kommen Waren nach Jerusalem. Salomo lässt viele Orte ausbauen und befestigt sie. Er organisiert den Staat neu. Alle Stämme müssen jeweils für einen Monat die Lebensmittel für den Hofstaat herbeischaffen.

Salomo heiratet eine Pharaonen-Prinzessin. Er wird gerühmt wegen seiner Weisheit, und er wird verehrt, weil er den ersten Tempel gebaut hat.

Durch den Bau dieses Tempels wird Salomo berühmt. Der Tempel hat drei Teile: den Vorhof, den heiligen Innenraum und das Allerheiligste, das nur einmal im Jahr vom Priester betreten werden darf. Dort befindet sich die Bundeslade mit den Tafeln der »Zehn Worte« (Gebote).

Das erste Buch der Könige

Das »Salomonische Urteil«

Einst kamen zwei Frauen zu König Salomo. Beide lebten im selben Haus. Beide bekamen zur selben Zeit ein Kind. In der Nacht starb eines der beiden Kinder. Jetzt behaupten beide, das lebende Kind gehöre ihnen. Salomo entscheidet: Das Kind soll in zwei Hälften geteilt werden. Da schreit die wahre Mutter: Gebt der anderen Frau das Kind, aber lasst es leben. Da weiß Salomo: Sie ist die wahre Mutter, sie bekommt das Kind. *(1. Könige 3,16-28)*

Reichsspaltung

Nach Salomos Tod fordern die Stämme des Nordens von Salomos Sohn Rehabeam eine Erleichterung der ihnen auferlegten Fronarbeit. Rehabeam lehnt dies ab. Daraufhin verweigern zehn Stämme den Gehorsam und gründen einen eigenen Staat. Sie nennen ihn selbstbewusst Israel. Sein König wird Jerobeam. Von jetzt an existieren zwei Staaten nebeneinander: im Norden der Staat Israel mit der Hauptstadt Samaria, im Süden der Staat Juda mit der Hauptstadt Jerusalem.

Gute Noten, schlechte Noten

Von nun an wird in den Königsbüchern parallel erzählt: Ereignisse aus dem Leben der Könige von Juda und Geschehnisse aus den Regierungszeiten der Könige von Israel. Das wirkt manchmal verwirrend, ist es aber nicht, wenn man das System verstanden hat. Der biblische Autor der Königsbücher hat ein Schema entwickelt, nach dem er einen König bewertet: Wenn dieser den Willen Gottes, wie er vor allem im 5. Buch Mose niedergeschrieben ist, einhält, dann wird er positiv bewertet. Wenn nicht, bekommt er eine schlechte Note. Dabei geht es vor allem um die Frage: Hat der König allein Gott verehrt oder hat er noch andere (kanaanäische) Götterbilder angebetet oder herstellen lassen?

Die kanaanäische Religion und die Entstehung der Alleinverehrung Gottes (1. Könige 17 – 2. Könige 2)

Die kanaanäische Religion war polytheistisch, d.h. es wurden etwa 200 Gottheiten verehrt. Die wichtigsten waren: El – der Schöpfergott und Leiter der Götterversammlung – sowie Aschera – die Partnerin Els und Mutter der Götter.
El und Aschera werden im Laufe der kanaanäischen Geschichte von einem anderen Götterpaar verdrängt: Baal – der Gott der Fruchtbarkeit – und Astarte – die Liebes- und Kriegsgöttin.
Die großen Gegner Baals, mit denen er kämpft, sind: Jam – der Gott des Meeres und der Fluten – und Mot – der Gott der Toten und der Unterwelt.
Die Verehrung Gottes im Tempel in Jerusalem sollte ausschließlich dem einen Gott Israels dienen. Die Geschichte des Propheten Elia spiegelt die Auseinandersetzung zwischen den Anhängern Baals und Gottes wider.

Elia und Ahab

Ausführlich erzählt das 1. Buch der Könige von einem beispielhaften Konflikt um den richtigen Glauben.

Auf der einen Seite steht der König Ahab. Er hat Isebel, eine Prinzessin aus Tyros, geheiratet und ihr zuliebe Bilder des Gottes Baal im Tempel aufgestellt und Baalspropheten ins Land geholt.

Auf der anderen Seite steht der Prophet Elia. Er streitet dafür, dass allein der Gott Israels, *Jahwe* ▌▌, verehrt werden darf. Er tritt gegen den König an und sagt ihm eine Hungersnot als Strafe für seinen Götzendienst voraus. Wie geht der Konflikt aus?

▌▌ Jahwe: siehe »Ich-bin-da-für-euch«, Seite 12.

Elia allein, müde, traurig: Elia kann nicht mehr. Dieses Gefühl kennen viele. Da begegnet ihm Gott. Manchmal beginnt Gott erst da, wo wir bereits am Ende sind.

Elia gegen Baal

Zunächst sieht es so aus, als könne sich Elia durchsetzen. Bei einer großen Volksversammlung auf dem Berg Karmel gelingt es ihm als einzigem, ein Wunder im Namen Gottes zu tun. Er gießt Wasser auf das Holz, das er auf einen Altar für ein Opfer aufgeschichtet hat, danach fängt das Holz zu brennen an. Den Baalspropheten hingegen gelingt es nicht, das Holz auf ihrem Altar zu entzünden. Daraufhin entscheiden sich die Menschen gegen die Baalspropheten. Doch das empört die Königin Isebel. Sie lässt Elia verfolgen. Er flieht.

Elia und Gott

In der Wüste hat Elia eine wunderbare Begegnung mit Gott. Er erlebt einen Sturm, ein Erdbeben und ein großes Feuer. Also alle Katastrophen auf einmal, die man sich denken kann: Einen Orkan, der Bäume entwurzelt, ein Erdbeben, bei dem die Häuser einstürzen, und einen Feuersturm wie bei einem Waldbrand oder brennenden Ölquellen – aber Gott ist nicht darin zu finden. Erst als er einen leisen Hauch verspürt, weiß er: da ist Gott. So ist Gott.

Unrecht des Herrschers

Noch einmal tritt der Prophet gegen den König Ahab an. Der hat – auf Drängen Isebels – den Nabot, einen Winzer, durch falsche Zeugen vor Gericht verklagen und zum Tod verurteilen lassen, um sich dessen Weinberg anzueignen. Gegen dieses Unrecht tritt Elia auf und sagt dem König und seiner Frau Isebel seinerseits als Strafe den Tod an.

Von Niedergang und Zerstörung –

Das 2. Buch der Könige

Das 2. Buch der Könige handelt von der Geschichte der beiden Staaten Juda und Israel von 850 bis 586 vor Christus. Beide Staaten werden zerstört: Israel mit seiner Hauptstadt Samaria durch die Assyrer, Juda mit seiner Hauptstadt Jerusalem durch die Babylonier.

Elisa wird Nachfolger Elias

Der Prophet Elia übergibt seinen Prophetenmantel an seinen Schüler Elisa. Der wird damit zum Propheten und Nachfolger Elias. Beide durchqueren den Jordan und gehen in die Wüste an einen einsamen Ort. Dort fährt Elia vor den Augen Elisas auf einem Feuerwagen in den Himmel.

Elisa ist ein Prophet der kleinen Leute. Sein Aussehen (er hat eine Glatze) bringt Kinder dazu, ihn zu verspotten. Eine Geschichte erzählt, wie sie zur Strafe von Bären zerfleischt werden. Doch Elisa vollbringt auch andere Wunder: Es sind Naturwunder (er lässt eine Axt schwimmen), Heilungswunder (er heilt einen aussätzigen Syrer), Speisungswunder (er speist hundert Menschen) bis hin zum Wunder der Auferweckung eines Toten. Alle diese Wundererzählungen durchzieht das Staunen, dass Gott sich den kleinen Leuten mit ihren Ängsten und Sorgen zuwendet und ihnen durch den Propheten hilft.

Himmelfahrt des Elias.

Revolten und Aufstände

Ein Jünger Elisas salbt in Elisas Auftrag den Hauptmann Jehu zum König. Dieser zettelt daraufhin einen Putsch gegen den amtierenden König Joram von Israel an. Die Königin Isebel wird ermordet. Jehu ist ein leidenschaftlicher Jahwe-Anhänger, der alle Baals-Anhänger ausrotten lässt.

In Juda ist es eine Frau, die die Macht an sich reißt und die Mitglieder der Königsfamilie ausrottet: Sie heißt Atalja. Nur ein Kind überlebt die Gewalttaten: Joasch, der von dem Tempelpriester Jojada versteckt und aufgezogen wird. Dieser Priester macht Joasch noch als Kind zum König. Ganz im Sinne der Priester führt er eine große Renovierung des Tempels durch.

Der Untergang des Nordreiches Israel

Der Staat Israel ist in der Zwischenzeit einem Militärpakt mit dem *Großreich der Assyrer* (▶ Seite 39) beigetreten. Die *Assyrer* ⏸ versprechen, Israel zu schützen, doch muss viel Geld dafür bezahlt werden. Darum versucht der israelitische König Hosea, heimlich ein Bündnis mit Ägypten zu schließen, um von den Assyrern unabhängig zu werden. Das erfahren die Assyrer und bestrafen den König hart: Die Hauptstadt Samaria wird belagert und vom Assyrerkönig Sargon II. im Jahr 721 v. Chr. erobert und zerstört. Die Bewohner werden in alle Winde zerstreut. Von nun an gibt es das Nordreich Israel mit der Hauptstadt Samaria nicht mehr. Nur noch der Staat Juda mit der Hauptstadt Jerusalem bleibt übrig.

⏸ **Assyrer [und Babylonier]:** Mächtige Nachbarvölker Israels, die das kleine Land immer wieder militärisch bedrohten.

Ereignisse aus dem Südreich Juda

Über das Südreich Juda weiß das 2. Buch der Könige zunächst nur Positives zu berichten. König Hiskia führt eine große religiöse Reform durch, bei der alles, was nicht der Alleinverehrung Gottes dient, abgeschafft wird. Während seiner Regierungszeit kommt es zu Begegnungen mit dem Propheten *Jesaja* (▶▶ Seite 56ff.), der den Untergang Assyriens ankündigt.

Noch von einem anderen König wird ausführlich berichtet: Josia. Zu seiner Zeit hatte sich die Verehrung verschiedener Götter an mehreren Heiligtümern wieder verbreitet. Da findet man im Tempel ein Buch, eigentlich eine Schriftrolle. Sie wird dem König gebracht. Der ist entsetzt, als er erfährt, was darin steht. In diesem Buch stehen nämlich die Zehn Gebote und viele andere Willenserklärungen Gottes. So auch sein Wille, dass es nur einen einzigen Tempel geben darf, dass er allein, *Jahwe* (◀◀ Seite 12), angebetet und verehrt werden darf, dass der Sabbat gehalten werden soll und das Passafest gefeiert werden muss. Josia lässt eine Prophetin, Hulda, befragen, ob das Buch echt ist. Sie bejaht dies. Daraufhin führt Josia eine große Reform durch: Alle Heiligtümer werden abgeschafft, alle Götterbilder zerstört, das Buch wird öffentlich verlesen, das Volk verpflichtet sich, seinen Inhalt einzuhalten, und es wird ein großes Passafest gefeiert.

Nach dem Tod Josias gerät alles wieder durcheinander. Sein Nachfolger, Jojakim, geht erst ein Bündnis mit Ägypten ein, dann eines mit Babylon, dann wieder eines mit Ägypten. Das lassen sich die Babylonier nicht gefallen. Sie belagern und erobern Jerusalem. Mehr noch: Sie nehmen Jojachin, den Nachfolger Jojakims, als Geisel und verschleppen ihn und die Oberschicht als Kriegsgefangene (sog. 1. Deportation, 598 v. Chr.). Sie setzen einen neuen König ein, Zedekia. Der bleibt zunächst getreuer Anhänger der Babylonier, aber nach vier Jahren versucht er einen Aufstand. Davor warnt der Prophet Jeremia – ohne Erfolg (▶▶ Seite 61ff.). Die Babylonier lassen sich das wieder nicht gefallen. Sie belagern Jerusalem zwei Jahre lang, schließlich erobern und plündern sie die Stadt und zerstören den Tempel. Die ganze Bevölkerung der Hauptstadt wird gefangen genommen und nach Babylonien abtransportiert (sog. 2. Deportation, 586 v. Chr. das »Babylonische Exil«).
Das Buch endet mit der Nachricht von der Begnadigung des im Exil lebenden Königs Jojachin durch den König von Babylon.

Aus dem zerstörten Jerusalem wurde längst wieder eine blühende Großstadt.

Das erste Buch der Chronik   37

Geschichte Israels im Zeitraffer –

Das 1. Buch der Chronik

Die Bücher der Chronik beginnen bei Adam und enden mit einem Befehl des Perserkönigs Kyros. Er erlaubt den Judäern und Israeliten, die bisher in der babylonischen Gefangenschaft gelebt haben, die Heimkehr ins Land Israel. Sie bieten (ganz ähnlich wie die Samuel- und Königsbücher) einen Überblick über die Geschichte Israels, wobei die Königszeit im Mittelpunkt steht. Die Chronikbücher verarbeiten als Quellen vor allem die Samuel- und Königsbücher, aber auch Material aus den fünf Büchern Mose und den Psalmen.

Die Art, wie die Chronikbücher die Geschichte Israels erzählen, hat eine klare Absicht. Immer wieder kommen an entscheidenden Wendepunkten der Geschichte Propheten oder Könige zu Wort. Sie sprechen das aus, was dem Chronisten wichtig ist. Wenn man die Reden liest, weiß man, worauf es den Chronikbüchern ankommt. Sie wollen, dass alle Israeliten Gott allein verehren. Sie wollen, dass der *Kult* (Seite 17) am Tempel befolgt wird, und sie wollen, dass jeder im Alltag auf den Willen Gottes hört und ihn beachtet. Sie nennen es »Treue zur *Tora* «, der Weisung Gottes für das Leben.

Die ersten neun Kapitel des ersten Chronikbuches enthalten nur Stammbäume. Ein Stammbaum zeigt, wie eine Familie sich durch die Jahrhunderte hin entwickelt hat. Die Stammbäume beginnen mit Adam und führen bis zu David. Stellt euch vor: Neun Kapitel nur Namen! Namen von Familien, die alle auf Adam und Eva zurückgehen. Sie enden deshalb mit David, weil David für die Chronik der ideale König war und ist.

Alle anderen Kapitel handeln von David. Wir erfahren hier (noch einmal), was in den Samuelbüchern über ihn steht. Aber es ist nicht nur abgeschrieben; der Chronist weiß noch mehr von David zu berichten: David tut alles, um den Bau des Tempels vorzubereiten. Er legt alle Dienste fest, welche die Priester, Leviten und Sänger am Tempel zu verrichten haben, obwohl er seine Fertigstellung selber nicht mehr erlebt.

Tora (= hebr. »Weisung«): In engerem Sinn die fünf Bücher Mose (»schriftliche Tora«). Nach jüdischer Überlieferung ist Mose am Sinai von Gott auch die »mündliche Tora« offenbart worden, wie sie im Laufe der Geschichte in den Schriften Mischna, Talmud und Midrasch aufgeschrieben wurde. So bedeutet Tora neben den fünf Mosebüchern auch die Gesamtheit der Weisungen Gottes in Bibel und Tradition.

Noch heute führen jüdische Familien ihren Stammbaum auf die zwölf Stämme zurück. In Israel werden die Namensregister der Chronik zur Anwesenheitsberechtigung im »Gelobten Land«. Das verleiht den trockenen Namensregistern plötzlich aktuelle Sprengkraft.

Geschichte Israels im Zeitraffer –

Das 2. Buch der Chronik

Das zweite Chronikbuch enthält weitestgehend das, was wir schon aus dem 1. und 2. Buch der Könige kennen. Doch bietet der Chronist darüber hinaus manche Informationen, die neu sind. Allerdings berichtet er nur von den Königen von Juda, also vom Südreich. Vom Nordreich schweigt er.

Salomo, Davids Sohn

Die ersten neun Kapitel handeln von König Salomo und seiner Weisheit, dem Bau und der Einweihung des Tempels.

Die Könige Judas

Es folgen alle großen Ereignisse der Geschichte des Staates Juda und seiner Könige. Die wichtigsten davon sind:

Reichsspaltung	Unter König Rehabeam spaltet sich das Reich in ein Südreich (Hauptstadt Jerusalem) und ein Nordreich (Hauptstadt Samaria).
Ataljas Herrschaft	Die einzige Frau auf dem Thron Davids errichtet nach blutigen Kämpfen eine Diktatur.
Joaschs Tempelrenovierung	Joasch wird schon als Kind König und lässt den Tempel vollständig renovieren.
Hiskias große Kultreform	Der König Hiskia führt eine große Reform durch, bei der alle Götterbilder abgeschafft werden.
Josias große Reform	Josia lässt alle Dorftempel abreißen. Allein der Tempel in Jerusalem bleibt bestehen. Dort finden jetzt alle großen Feste und Opferfeiern statt.
Belagerung und Eroberung Jerusalems	Der König von Babylon erobert Jerusalem und führt die Bewohner in die zweite »babylonische Gefangenschaft« ▶ .
Kyros-Edikt (522 v.Chr.)	Am Ende steht ein Erlass des Perserkönigs Kyros, das so genannte Kyros-Edikt. Die Perser haben das babylonische Reich erobert. Der Perserkönig erlaubt den im Exil lebenden Judäern, nach Jerusalem zurückzukehren und den Tempel wieder aufzubauen.

So endet das Buch mit einer Hoffnung!

▶ **Babylonische Gefangenschaft:** Bezeichnung einer Epoche der Geschichte Israels. Sie beginnt 598 v. Chr. mit der Eroberung Jerusalems durch den babylonischen König Nebukadnezar II. und dauert bis zur Eroberung Babylons 539 v. Chr. durch den Perserkönig Kyros II. Der größte Teil der israelitischen Bevölkerung war während dieser Zeit nach Babylon als Kriegsgefangene zwangsumgesiedelt worden.

Ärmel hochkrempeln –
Esra und Nehemia

Mit den beiden Büchern Esra und Nehemia befinden wir uns in der Perserzeit. Darunter versteht man jene Zeit, in der die Perser zur Großmacht im Vorderen Orient aufstiegen. Sie beginnt mit der Eroberung Babylons durch den Perserkönig Kyros II. im Jahr 539 v. Chr. und endet mit dem Sieg Alexanders des Großen bei Issos im Jahr 333 v. Chr. Zwei Jahrhunderte lang haben die Perser Einfluss auf den Nahen Osten und damit auf Israel ausgeübt.

Der mächtige Perserkönig Kyros der Große hat ein Edikt (einen Befehl) erlassen, das den Judäern erlaubt, in die Heimat zurückzukehren und den Tempel wieder aufzubauen. Die Bücher Esra und Nehemia erzählen von diesem Wiederaufbau. In der hebräischen Bibel sind sie zu einem Buch zusammengefasst.

Der Altarbau

Über 40 000 Judäer machen sich auf den weiten Weg vom babylonischen Exil nach Israel. Im zerstörten Jerusalem errichten sie als erstes den Altar auf dem Tempelplatz: Jetzt können wenigstens die *Opferrituale* ▶ wieder stattfinden.

Der Tempelbau

Dann wird der Grundstein des Tempels gelegt. Die Samaritaner, die nicht in Babylon waren, sondern während der gesamten Exilszeit im Land geblieben sind, protestieren dagegen. Ausführlich wird erzählt, welche Widerstände die Heimkehrer überwinden müssen, um den Tempel doch bauen zu können. Am Ende sind sie erfolgreich: Der Zweite *Tempel* (den Ersten hat König Salomo gebaut – ◀◀ Seite 32) wird eingeweiht.

▶ Opfer:
Opfer sind eine Form der Verbindung zu Gott. Dabei geht es nicht nur darum, zur Sühne für Sünden zu »opfern«; es werden auch Lob- und Dankopfer dargebracht.

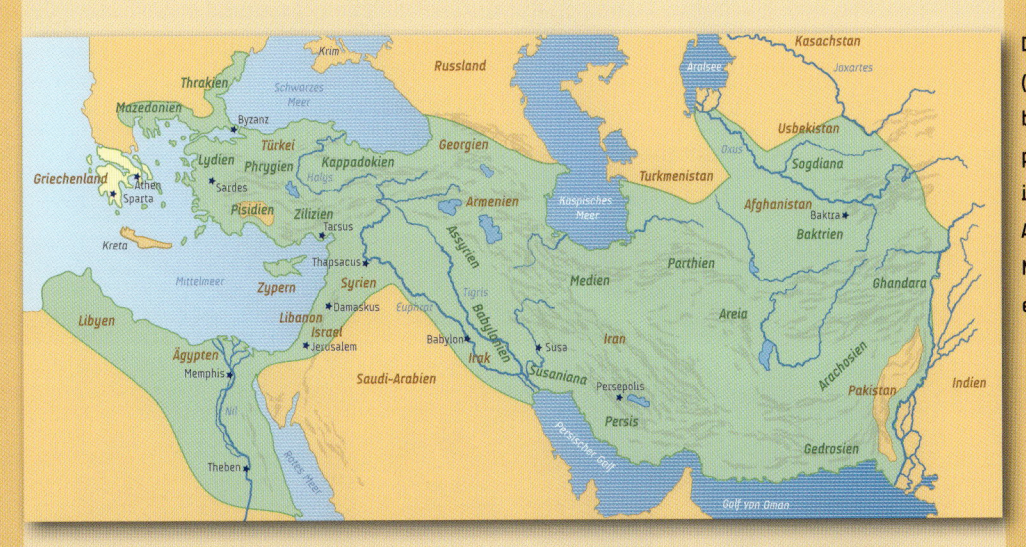

Das Achämenidenreich (auch als Altpersisches Reich bezeichnet) war das erste persische Großreich, das sich im Verlauf der klassischen Antike über große Teile des Nahen und Mittleren Ostens erstreckte.

Esra

Esra kommt mit persischer Sondervollmacht nach Jerusalem. Er ist »Beauftragter für das Gesetz«. Darum macht er sich an die Arbeit, dem Gesetz Geltung zu verschaffen.

Nehemia

Noch ist die Stadt ein Trümmerhaufen. Die Stadtmauer ist zerstört. Der Israelit Nehemia, der sich bis in die einflussreiche Stellung eines Mundschenks des Perserkönigs emporgearbeitet hat, erhält die Erlaubnis, nach Jerusalem zu gehen und die Mauer wieder aufzubauen.

Nachts besichtigt er das zerstörte Bauwerk und stellt die Schäden fest. Anschließend organisiert er verschiedene Kolonnen von Arbeitern, die jeweils für einen Mauerabschnitt verantwortlich sind.

Auch dagegen gibt es Widerstand. Nehemia wird vor dem Perserkönig beschuldigt, er wolle einen Aufstand gegen die Perser anzetteln. Doch es gelingt ihm, den Widerstand zu brechen. Nach 52 Tagen Arbeit ist die Mauer wiederhergestellt.

Verpflichtung auf die fünf Bücher Mose

Jetzt tritt noch einmal Esra auf. Er lässt alle Bewohner Jerusalems zusammenkommen und liest ihnen das Gesetz vor. In einer feierlichen Erklärung verpflichten sich die Bewohner Jerusalems, das Gesetz zu halten. Damit gibt es jetzt wieder eine Gemeinde gläubiger Juden um den Tempel in Jerusalem.

Reformen

Das Buch endet mit wichtigen Reformmaßnahmen, die Nehemia durchsetzt. So bleiben am Sabbat die Stadttore geschlossen, damit an diesem Tag kein Handel stattfindet. Auch die Einkünfte der Leviten und die Pflicht, von seinem Einkommen den Zehnten an den Tempel abzugeben, werden von ihm geregelt.

Esra-Nehemia spezial

Zwei Besonderheiten seien noch erwähnt: Nehemia schreibt in Ich-Form, fast so, als würde er ein Tagebuch schreiben.

Eine weitere Besonderheit besteht darin, dass einige Teile in Aramäisch geschrieben sind, nicht in Hebräisch wie das übrige Alte Testament. Das hat man vermutlich deshalb gemacht, damit auch die Perser es lesen und so sehen konnten: Es geht alles mit rechten Dingen zu. Denn die Perser hatten als Reichssprache Aramäisch eingeführt.

Ein bekanntes Beispiel für ein aramäisches Wort ist »Abba«, das bedeutet »Vater«. Auch Jesus sprach Aramäisch und nannte Gott so.

»Du sollst den Feiertag heiligen« – aber mehr und mehr wird der Sonntag zum Einkaufs- und Arbeitstag. Gott hatte sich den Sonntag als Tag der Ruhe und Besinnung gedacht. Ohne diese wichtige Ruhepause jagen wir besinnungslos durchs Leben.

Es war einmal – es ist noch? –

Das Buch Ester

Das Buch Ester wird stets am Purimfest (Ende Februar / Anfang März eines Jahres) vorgelesen, denn es erzählt die Entstehungsgeschichte dieses Festes. Das Fest ist beinahe so wie unser Fasching. Kinder lärmen mit besonderen Purim-Rasseln, wenn der Name Haman genannt wird. Man verkleidet sich. Als besonderes Gebäck werden Haman-Öhrchen hergestellt. Man macht den Freunden und Armen Geschenke und genießt ein Festessen.

Es war einmal ...

... ein König in Persien. Er hieß Ahasveros und herrschte über 127 Länder. Vom Indus bis zum Nil erstreckte sich sein Reich.

Im dritten Jahr seiner Herrschaft lässt er ein großes Fest ausrichten. Alle seine Fürsten, die Großen, die Heerführer und die Obersten sind eingeladen. Sie sollen sehen, wie reich Ahasveros ist und wie mächtig. Hundertachtzig Tage feiern sie. Und danach darf die ganze Bevölkerung der Königsstadt Susa kommen und es sich gut gehen lassen. Wein gibt es aus goldenen Bechern und jeder darf trinken so viel er will. Wer müde ist, ruht sich auf goldenen und silbernen Polstern aus, die auf grünem, weißem, gelbem und schwarzem Marmor liegen. Der Palast ist mit weißen, blauen und roten Tüchern geschmückt, die mit scharlachroten Schnüren eingefasst sind. Sieben Tage lang dauert das Fest. Da befiehlt der König in etwas weinseliger Laune, seine Frau, die Königin Waschti zu holen. Die feiert ebenfalls, aber wie im Orient üblich, getrennt von den Männern, allein mit den Frauen. Waschti ist eine schöne Frau und der König hätte sie gerne seinen Edlen gezeigt. Aber was geschieht? Die Königin weigert sich. Sie lässt sich nicht zur Schau stellen. Da wird der König zornig. Alle seine Rechtsgelehrten müssen kommen. Sie sollen entscheiden: Was soll man mit so einer aufmüpfigen Frau machen? Wie peinlich, wenn das bekannt wird. Schlimmer noch – andere Frauen könnten so ein Verhalten nachahmen! Nein, so geht es nicht, beschließen die Rechtsgelehrten. Königin Waschti wird ihrer Königinnenwürde beraubt – eine andere, die besser (sprich: gehorsamer) ist als sie, soll an ihrer Statt Königin werden. Ihre Verbannung wird in allen 127 Ländern bekannt gegeben, damit jeder »Mann der Herr in seinem Hause sei« *(Ester 1,22).*

Nun ist der König ohne Frau. Was tun? Man sucht für ihn schöne Jungfrauen. Die schönsten Mädchen des ganzen Landes werden in das Schloss gebracht. Die Frau, die dem König gefällt, wird dann Königin werden.

So kommt auch Ester ins Schloss. Ester ist eine jüdische Waise. Sie wächst bei ihrem Pflegevater Mordechai auf. Sechs Monate werden alle Frauen mit Balsam und Myrrhe gepflegt und weitere sechs Monate mit kostbaren Spezereien. Als Ester zum König gebracht wird, verzichtet sie auf allzu großen Pomp; und siehe da, sie gefällt dem Herrscher. Er macht

Das Purimfest ist besonders bei den Kindern beliebt.

> **Hamantaschen:**
> Teig: 300g Mehl, 200g Margarine, 100g Zucker, Vanille.
> Füllung: 200g Mohn, 150g Honig, 100g Zucker, 100g Nüsse.
>
> Das gesiebte Mehl mit der Margarine gut vermischen, den Zucker und die Vanille dazutun, einen Teig davon kneten. In den Kühlschrank stellen, bis der Teig fest ist. Den Mohn mit siedendem Wasser übergießen und etwa 30 Minuten auf kleiner Flamme kochen. Auf einem Sieb abtropfen lassen, dann durch den Fleischwolf drehen (mit einer besonderen Scheibe für Mohn), den zerlassenen Honig, Zucker und die gehackten Mandeln zufügen und alles vermischen. Den Teig ausrollen, in Quadrate schneiden, auf jedes Quadrat die Füllung geben und so zusammenlegen, dass ein Dreieck entsteht. Mit Zucker bestreuen, auf ein Blech legen und in die mittelheiße Röhre stellen. Etwa 40 Minuten backen.

Zum Purimfest gibt es oft Hamantaschen

Pogrom: Das russische Wort für »Verwüstung« ist zum Inbegriff für organisierte Gewaltexzesse gegen Juden geworden, die es fast zu allen Zeiten und in allen Ländern gab.

sie zur Königin und setzt damit, ohne es zu wissen, eine Jüdin über sein großpersisches Reich.

Eines Tages wird Mordechai Zeuge einer Verschwörung gegen den König: Zwei Hofbeamte planen, den König umzubringen. Mordechai lässt Ester diesen Plan wissen und die verrät ihn dem König.
Die Übeltäter werden hingerichtet und die Angelegenheit in der Chronik vermerkt.
Anstelle der Hingerichteten wird ein Mann namens Haman in das hohe Amt am Königshof eingesetzt. Er genießt seine Macht in vollen Zügen. Es ist Vorschrift, dass alle vor ihm auf die Knie fallen. Alle tun es – nur Mordechai nicht. Auch nach wiederholter Aufforderung weigert er sich. Er ist Jude und er beugt nur vor einem die Knie – vor Gott.

Den ehrgeizigen Haman wurmt das. Er will sich nicht nur an Mordechai rächen, sondern wie immer in solchen Fällen, an allen Juden im Land. Er plant ein *Pogrom*: Die Juden sollen ausgerottet werden. Der Zeitpunkt wird ausgelost. Haman geht zum König: **»Es gibt ein Volk, zerstreut und abgesondert unter allen Völkern und in allen Ländern deines Königreichs, und ihr Gesetz ist anders als das aller Völker und sie tun nicht nach des Königs Gesetzen. Es ziemt dem König nicht, sie gewähren zu lassen.«** ESTER 3,8 Der König stimmt dem Vorschlag zu, als Haman ihm verspricht, der gesamte jüdische Besitz werde dann ihm gehören. Er erlässt den Befehl:
»Man solle vertilgen, töten und umbringen alle Juden, Jung und Alt, Kinder und Frauen, auf einen Tag, nämlich am dreizehnten Tag des zwölften Monats (...) und ihr Hab und Gut plündern« ESTER 3,13. Die Juden sind in der Minderheit, Befehle werden von den Untertanen wie immer befolgt – der Vernichtung steht eigentlich nichts mehr im Weg …

Als Mordechai von diesem Plan erfährt, erschrickt er fürchterlich. Aber er hat eine Hoffnung – Königin Ester. Er bittet sie, sich beim König für ihr Volk einzusetzen. Ester ziert sich: Dreißig Tage sei sie schon nicht mehr zum König gerufen worden. Außerdem muss, wer ungerufen zum König geht, damit rechnen, umgebracht zu werden.

Mordechai antwortet: Denke nur nicht, dass du ungeschoren davonkommst, wenn dein Volk vernichtet wird. Und wer weiß, vielleicht bist du gerade deshalb Königin geworden, um dein Volk zu retten.

Da verspricht Ester, zum König zu gehen. Sie bittet nur, dass alle Juden drei Tage lang für sie fasten und beten. Ester zieht ihr schönstes Kleid an, macht sich zurecht und geht zum König. Wird er sie festnehmen lassen oder darf sie reden? Siehe da, er hört sie an und gewährt ihr einen Wunsch. Ester lädt ihn mit Haman zum Essen ein. Der König nimmt die Einladung an und Haman fühlt sich sehr geehrt. Wieder muss er an Mordechai vorbeigehen und wieder

Das Buch Ester

verneigt sich Mordechai nicht. Da wird Haman wütend. Wie mächtig ist er, wie reich, er wird sogar zusammen mit dem König von der Königin zu einem Fest eingeladen. Aber was ist das alles wert, solange Mordechai ihm die Ehrerbietung verweigert? Er lässt einen Galgen für Mordechai aufstellen. Am nächsten Morgen soll er hängen.

In der gleichen Nacht kann der König nicht schlafen. Er blättert in der Chronik: Die Verschwörung kommt ihm in den Sinn. Er hat sich damals nicht bei Mordechai erkenntlich gezeigt. Er fragt Haman: Was soll ich mit einem Mann tun, den ich ehren will? Und Haman, blind vor Ehrgeiz und Eitelkeit, denkt natürlich, er sei gemeint. »Königliche Kleider soll er haben, ein Pferd und man soll ihn über den Marktplatz führen und rufen: Das ist der Mann, den der König ehren will.« – »Dann tue das mit Mordechai«, spricht der König. Haman ist sprachlos. Er ist immer noch verstört, als er der zweiten Einladung der Königin Ester folgt. Wieder hört er den König fragen: Was für einen Wunsch hast du? Ich schenke dir, was du willst, bis zur Hälfte des Königreiches.

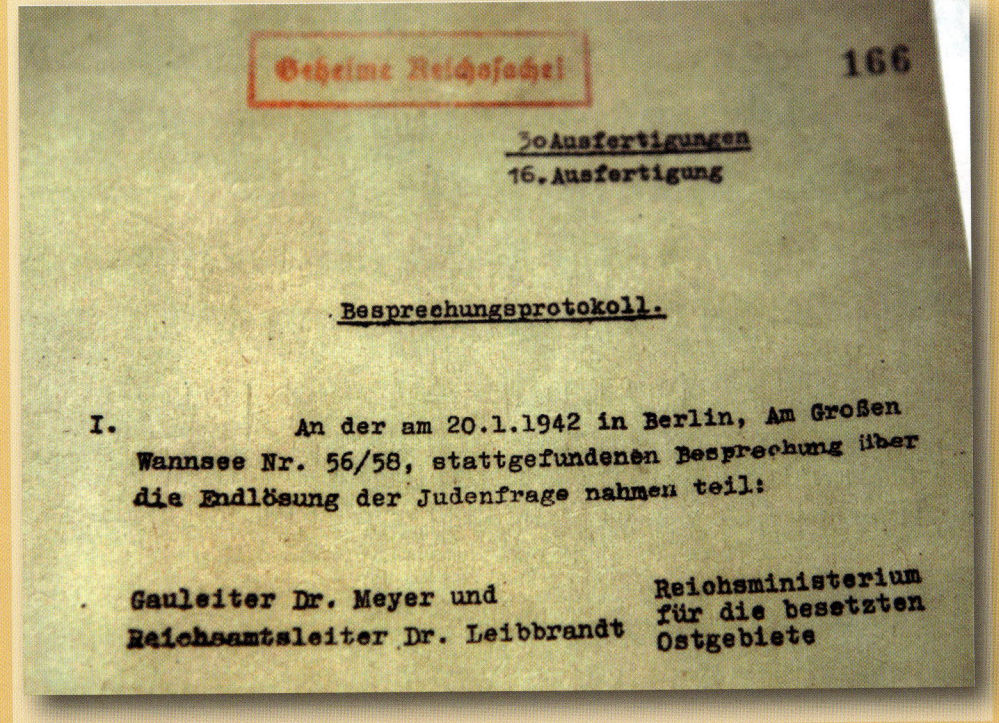

Da antwortet Ester: ▶ **»Gefällt es dem König, so gib mir mein Leben um meiner Bitte willen und mein Volk um meines Begehrens willen. Denn wir sind verkauft, ich und mein Volk, dass wir vertilgt, getötet und umgebracht werden.«** ◼ ESTER 7,3.4
Der König fragt: »Wer hat das veranlasst?« Ester antwortet: »Unser Feind ist dieser niederträchtige Haman.« Der König wird schrecklich wütend und geht in den Garten. Haman wirft sich vor Ester nieder und bittet um sein Leben. Aber gerade das wird ihm zum Verhängnis: Als der König aus dem Garten kommt und ihn so findet, gerät er außer sich vor Wut. »Will er auch der Königin Gewalt antun bei mir im Palast?« *(Ester 7,8)*
Haman wird an dem Galgen gehängt, den er für Mordechai errichten ließ. Die Juden werden verschont. So hat Ester ihr Volk gerettet.

Protokoll der so genannten Wannsee-Konferenz, auf der die systematische Ermordung der europäischen Juden beschlossen wurde.

Wer bist du? Wer bin ich? –
Das Buch Hiob

Hiob ist ein sehr wohlhabender und gläubiger, frommer Mann. Er fürchtet Gott und hält alle seine Gesetze und Gebote. Davon bringt ihn auch sein schweres Schicksal nicht ab … Die Erzählung über ihn beginnt mit zwei Szenen.

Im Himmel

Im Himmel entsteht ein Streit. Der Satan behauptet, Hiob habe keinen aufrichtigen Glauben. Hiob befolge mit seinem frommen Getue eine bestimmte Absicht. Er sei nur fromm, weil er reich ist und vieles hat.

Gott kennt den tiefen Glauben Hiobs. Der Satan hingegen soll diese Seite Hiobs selbst entdecken. Er stellt Hiobs Glauben durch schwere Schicksalsschläge auf die Probe: Zuerst verliert Hiob all seinen Besitz (Rinder, Esel, Schafe, Kamele, Knechte), sein ganzes Vermögen, und selbst seine Kinder sterben (»Hiobsbotschaften«). Doch Hiob glaubt weiterhin an Gott und sündigt nicht gegen ihn. Er spricht: ▶ **»Der HERR hat's gegeben, der HERR hat's genommen; der Name des HERRN sei gelobt!«** ◼ *HIOB 1,21*

Dann kommt die zweite Prüfung.
Hiob wird schwer krank. Seine Frau rät ihm, nicht mehr an Gott zu glauben. Hiob aber bleibt Gott treu. Er spricht: ▶ **»Haben wir Gutes empfangen von Gott und sollten das Böse nicht auch annehmen?«** ◼ *HIOB 2,10*

Auf der Erde

Hiobs Elend bewegt seine drei Freunde. Sie besuchen ihn. Zunächst schweigen sie und trauern mit ihm, dann aber unterhalten sie sich ausführlich.

Hiob klagt. Er verflucht sein Leben. Er meint, ein Gerechter zu sein, und versteht nicht, warum er so leiden muss. Seine Freunde glauben ihm das nicht. Wenn Hiob so viel durchmachen muss, dann ist er auch ein Sünder, denn niemand leidet ohne Grund. Leid ist immer eine Strafe für unsere Sünden, sagen sie. Doch die Freunde können Hiob von ihrer Meinung nicht überzeugen. Während sie darauf beharren, er sei nicht so fromm, wie er vorgebe, beteuert Hiob seine Unschuld. In seiner Verzweiflung wünscht er sich mehr und mehr den Tod. Doch auch jetzt noch hält er beharrlich an seinem Glauben fest: **»Aber ich weiß, dass mein Erlöser lebt!«** ◼ *HIOB 19,25*

Zunehmend reden die drei Freunde und Hiob aneinander vorbei; sie verstehen einander nicht mehr. Hiob singt im Lied über die göttliche Weisheit: ▶ **»Siehe, die Furcht des HERRN, das ist Weisheit; und meiden das Böse, das ist Einsicht.«** ◼ *HIOB 28,28*

> Sobald man sich nicht so verhält, wie die Mehrheit es gewohnt sind, wird man »verdächtig«. Ganze Bevölkerungsgruppen, die sich nicht an gängige Normen anpassen wollen, werden zu Außenseitern gemacht und als »suspekt« betrachtet.

Hiob fordert Gott heraus

Hiob akzeptiert sein Schicksal nicht. Er fordert Gott heraus und stellt sein früheres Glück dem jetzigen Unglück gegenüber. Er leistet sogar einen so genannten Reinigungseid, mit dem er seine Unschuld beteuert, und fordert Gott damit zu einem Rechtsstreit heraus. Aber Gott lässt sich nicht herausfordern. Das ist ungerecht!

Leid – ein Erziehungsmittel Gottes?

Ein anderer Freund mischt sich in das Gespräch ein. Er hat eine weitere Erklärung für Hiobs Problem parat: Leid ist Erziehung. Leid ist Warnung und Mahnung. Hiob wird verurteilt, weil er Gottes strenge Prüfung nicht angenommen hat. Gott ist gerecht, bleibt aber den Menschen und so auch Hiob unzugänglich.

Gott fragt Hiob: Wer bist du?

Schließlich reagiert Gott auf Hiobs Herausforderung. Er kommt seinem Wunsch nach und antwortet ihm. Doch es ist nicht die Antwort, die Hiob sich erhofft hat: entweder eine Anklageschrift, die die Strafe begründen würde, oder eine Rechtfertigung seiner zu unrecht beschuldigten Person. Gott lässt sich nicht herausfordern, sondern fordert Hiob selbst heraus, indem er ihm die Frage stellt: **Wer bist du?**

Hiob erkennt sich als kleines Geschöpf vor der »Majestät des Schöpfers«. Er erkennt, dass sein Platz vor Gott gut ist, und begreift seine Ohnmacht vor dem allmächtigen Schöpfergott. Ihm wird deutlich:
Gott hat die Welt erschaffen – er regiert!
Gott ist Herr der Geschichte – er ist gütig und immer wieder anders und neu Derselbe!

So bleibt Hiob letztendlich unversehrt. Er ist und bleibt ein Geschöpf Gottes und bekennt sich zu seinem Schöpfer. Sein Schöpfer, Gott, ist gütig und erbarmt sich seines Geschöpfs. Am Ende wird Hiob wieder gesund und erhält doppelt so viel, wie er früher hatte, an Reichtum zurück.

Verletzung, Scheitern und sogar Tod sind Teil unserer Wirklichkeit. Das Leben läuft nicht immer so glatt, wie wir es gerne hätten. Aber auch, wenn wir ihn nicht verstehen, lässt Gott uns nicht im Stich.

Lieder für alle Lebenslagen, Gebete aus gutem Grund –

Die Psalmen

Psalmen sind Lieder und Gebete aus verschiedenen Jahrhunderten. Die meisten Psalmen sind Klagepsalmen, in denen Menschen Gott ihr Leid klagen und ihn um Hilfe bitten. Hat ein Betender Hilfe erfahren, dankt er Gott mit Dank- oder Lobpsalmen. Wer sich auf die Wallfahrt zum Tempel nach Jerusalem machte, sang Wallfahrtspsalmen. Viele Psalmen preisen und loben Gott; man nennt diese Lieder Hymnen. Viele Psalmen sind immer wieder nachgedichtet worden; einige davon finden sich in unseren Gesangbüchern.

Entstehung

Wenn wir Psalmen beten oder singen, greifen wir auf das Gesangbuch der jüdischen Gemeinde zurück. Menschen haben Lieder und Gebete gesammelt, um ihr Glück und ihre Dankbarkeit über eine Heilung oder über ihre Rettung aus einer Gefahr auszudrücken. Sie haben aber auch ihre Not, ihre Krankheiten und ihre Niederlagen vor Gott gebracht. Es gibt deshalb ganz verschiedene Arten von Psalmen. Manche loben Gott: seine Macht, seine Gerechtigkeit oder seine Güte. Sie drücken die Lebensfreude der Menschen aus. Manche Psalmen klagen Gott auch an. Hier sprechen Menschen von ihrer Verzweiflung. Sie fragen Gott, weshalb er ihr Leid zulässt. Psalmen begleiten uns also in allen Lebenslagen.

Viele Psalmen werden König David zugeschrieben. David war ein begabter Musiker und Liederdichter. Bei manchen steht sogar dabei, nach welcher Melodie das Lied vorgetragen werden sollte. Offenbar hat man einen neuen Text zu einer bekannten und beliebten Melodie gedichtet.

In unserem Gesangbuch findet man die Psalmen entweder als Gebete abgedruckt, die dann mit der Gemeinde im Wechsel gebetet werden können, oder auch als Lieder mit älteren oder neueren Melodien.

Einer der bekanntesten Psalmen: Psalm 23

»Der HERR ist mein Hirte, mir wird nichts mangeln. Er weidet mich auf einer grünen Aue und führt mich zum frischen Wasser. Er erquicket meine Seele. Er führt mich auf rechter Straße um seines Namens willen. Und ob ich schon wanderte im finstern Tal, fürchte ich kein Unglück; denn du bist bei mir, dein Stecken und Stab trösten mich. Du bereitest vor mir einen Tisch im Angesicht meiner Feinde. Du salbest mein Haupt mit Öl und schenkest mir voll ein. Gutes und Barmherzigkeit werden mir folgen mein Leben lang, und ich werde bleiben im Hause des HERRN immerdar.« PSALM 23

Die Psalmen

Ein Lobpsalm

Ich will dich täglich loben, Gott,
und von deinen Taten erzählen:
Du bist barmherzig,
du lässt keinen fallen.
Die traurig sind, tröstest du.
Niedergeschlagene richtest du auf.
Wir alle warten auf dich,
du gibst Speise zur richtigen Zeit.
Du öffnest die Hände
und sättigst alles, was lebt.
Deine Liebe kommt nahe denen,
die dich suchen.
Die dir vertrauen, behütest du.
Täglich will ich dich loben, Gott,
Und von deiner Güte erzählen.
(aus Psalm 145)

Ein Vertrauenspsalm

Gott, du bist meine Zuflucht.
Bei dir bin ich sicher wie in einer Burg.
Auf dich, Gott, vertraue ich,
du wirst mich retten vor den Fallen,
die mir gestellt werden, aus Gefahr
und Verderben.
Du breitest deine Flügel über mir.
Unter deinen Schwingen finde ich Zuflucht.
Schild und Schutz ist mir deine Treue.
Ich muss nicht erschrecken vor dem Grauen
der Nacht, denn du bist meine Zuflucht,
bei dir finde ich Schutz.
(nach Psalm 91)

Als Martin Luther die Bibel ins Deutsche übersetzte, befand er sich gerade auf der Wartburg, wohin er vor seinen Verfolgern in Sicherheit gebracht wurde. Für ihn war der 91. Psalm eng mit seinem Leben verknüpft.

▶ »Wer unter dem Schirm des Höchsten sitzt, und unter dem Schatten des Allmächtigen bleibt, der spricht zu dem HERRN: Meine Zuversicht und meine Burg, mein Gott, auf den ich hoffe« PSALM 91, 1-2

Ein Klagepsalm

Psalmen haben eine Geschichte. Sie werden immer wieder gebetet. Ein Beispiel ist der Psalm 22. König David soll ihn gedichtet haben. Jesus hat ihn gebetet, als er am Kreuz hing. Fast zwei Jahrtausende später hat ihn Ernesto Cardenal, ein Priester aus Nicaragua, neu formuliert:

Mein Gott, mein Gott, warum hast du mich verlassen?
Ich bin zur Karikatur geworden, das Volk verachtet mich.
Man spottet über mich in allen Zeitungen.
Panzerwagen umgeben mich.
Maschinengewehre zielen auf mich,
elektrisch geladener Stacheldraht schließt mich ein.
Jeden Tag werde ich aufgerufen,
man hat mir eine Nummer eingebrannt
und mich hinter Drahtverhauen fotografiert.
Meine Knochen kann man zählen wie auf einem Röntgenbild,
alle Papiere wurden mir weggenommen.
Nackt brachte man mich in die Gaskammer,
und man teilte meine Kleider und Schuhe unter sich.
Ich schreie nach Morphium, und niemand hört mich.
Ich schreie in den Fesseln der Zwangsjacke,
im Irrenhaus schreie ich die ganze Nacht,
im Saal der unheilbar Kranken,
in der Seuchenabteilung und im Altersheim.
In der psychiatrischen Klinik ringe ich schweißgebadet mit dem Tod.
Ich ersticke im Sauerstoffzelt.
Ich weine auf der Polizeistation,
im Hof des Zuchthauses,
in der Folterkammer und im Waisenhaus.
Ich bin radioaktiv verseucht,
man meidet mich aus Furcht vor Infektion.

Aber ich werde meinen Brüdern von dir erzählen.
Auf unseren Versammlungen werde ich dich rühmen.
Inmitten eines großen Volkes werden meine Hymnen angestimmt.
Die Armen werden ein Festmahl halten.
Das Volk, das noch geboren wird,
unser Volk wird ein Festmahl halten.
(Ernesto Cardenal nach Psalm 22)

> ▶ »Mein Gott, mein Gott, warum hast du mich verlassen? Ich schreie, aber meine Hilfe ist ferne.« ◼
> PSALM 22,2

Immer einen Spruch drauf –

Das Buch der Sprüche

Das Buch der Sprüche ist eine Zusammenstellung von Lebensweisheiten, die nicht nur in Israel, sondern auch bei anderen Völkern im Orient bekannt waren. Diese Sprichwörter konnte man sich gut merken, weil sie mit wenigen Worten und anschaulichen Vergleichen alltägliche Vorgänge auf den Punkt brachten. Man musste nicht lange selbst überlegen, um eine neue Situation oder ein Problem zu erfassen und einen Ratschlag dafür zu erhalten. Man hatte einfach einen passenden Spruch parat. Mit diesen Redewendungen wuchs man auf, ging das ganze Leben damit um und gab sie später wieder an die nächste Generation weiter.

Alles nur Sprüche?

- »Wer andern eine Grube gräbt, fällt selbst hinein.« SPRÜCHE 26,27
- »Besser ein Gericht Kraut mit Liebe als ein gemästeter Ochse mit Hass.« SPRÜCHE 15,17
- »Wer Streit anfängt, gleicht dem, der dem Wasser den Damm aufreißt. Lass ab vom Streit, ehe er losbricht!« SPRÜCHE 17,14

Solche einfachen Spruchweisheiten haben sich über das normale Reden mit anderen Menschen verbreitet. Es gab aber auch das Bemühen, diese Sprichwörter gezielt zu sammeln. Sie wurden im Unterricht eingesetzt als Hilfsmittel für die Erziehung junger Menschen oder als Ratgeber in allen Lebensfragen für Erwachsene. So hatte man praktische Lebenshilfen, mit denen Schwierigkeiten leichter in den Griff zu bekommen waren. Lernen sollten davon auch die Staatsbeamten. Denn viele Sprüche dienten dazu, zur Vernunft und zum Nachdenken anzuhalten und Werte wie Gerechtigkeit, Wahrhaftigkeit, Fleiß, Unbestechlichkeit und Korrektheit zu fördern.

Null Bock ...? –
Der Prediger

Das Buch Prediger (hebräisch *Kohelet* = der eine Versammlung leitet) ist eine Sammlung von Weisheitssprüchen, die ein unbekannter Verfasser zusammengestellt hat. Er lebte vermutlich im 3. Jahrhundert vor Christus in Jerusalem. Dass diese Sammlung nachträglich dem König Salomo zugeschrieben wurde, lag wohl an dessen sprichwörtlicher Weisheit. So sollte dem Buch eine gewisse Autorität verliehen werden. Der Verfasser verarbeitete die Gedanken der neu aufgekommenen griechischen Bildung seiner Zeit und stellte sie im Zusammenhang mit der alten hebräischen Weisheitslehre dar.

Dies sind – frei formuliert – Sprichworte und Reden des weisen Predigers

Was soll das Leben? Es hat ja doch alles keinen Sinn. Man kann sich mühen, wie man will: Es ist schlichtweg umsonst und vergeblich.

Kommt dir nicht vieles hier bekannt vor? Es lohnt sich, die Weisheiten des Predigers einmal genauer unter die Lupe zu nehmen.

Da meint man, man hat etwas Neues gefunden, einen neuen Gedanken gedacht, eine Erfindung gemacht. Und dann muss man feststellen: Es gibt nichts Neues unter dem Himmel. Alles schon mal da gewesen.

Ich probierte dies und überlegte das. Aber alles, was ich tue, alles, was ich anfasse: Es zerrinnt mir zwischen den Fingern. Nichts hat Bestand, nichts bleibt.
Da dachte ich mir: Lass es dir gut gehen, gönn' dir was. Aber ich stellte fest: Das bringt's auch nicht. Also, was tun? – Ist ja doch alles sinnlos!

Strich drunter und zusammengezählt: Nichts war's. Alles Mist!
Und wenn ich einmal tot bin, dann kräht kein Hahn mehr nach mir.

Diese Erkenntnis frustrierte mich ziemlich. Ich hatte echt null Bock mehr auf Leben. Was soll's denn überhaupt, dachte ich mir. Es bringt doch eh nichts!
Was hat man denn von all dem, was man tut und anfängt?
Was bleibt denn? Am Ende, meine ich. Was bleibt übrig? Viel Stress für nichts!

Also ist es doch besser, den Augenblick zu genießen. Hier und jetzt leben. Nicht irgendwann später. Jetzt das Leben feiern, denn das Leben ist doch ein Geschenk aus Gottes Hand.

Alles im Leben hat seine Zeit. Geboren werden und sterben. Pflanzen und Ernten. Hassen und Lieben. Alles zu seiner Zeit.
Aber du hast es ja nicht in der Hand. Du kannst nicht über die Zeit bestimmen. Gott schenkt dir Zeit. Aber wann was wie läuft in dieser Zeit deines Lebens, das liegt nicht in deiner Hand. Du kannst dich noch so mühen: Der Mensch denkt und Gott lenkt.

Der Prediger

Ist es da nicht am besten, dass man fröhlich den Augenblick lebt, dass man isst und trinkt, dass man das Leben bei den Hörnern packt und dass man mit Freude seine Arbeit macht?
Das ist ein Geschenk Gottes!

Und was gibt es alles Schlechtes, Böses und Schlimmes auf der Welt! Einsamkeit, Ungerechtigkeit, Bosheit, Gewalt, Neid und Habgier. Was ich nicht schon alles gesehen und erlebt habe!
Aber das habe ich gelernt: Lieber zu zweit als allein. Lieber klein und zackig, als groß und tappig. Und wenn es ums Reden geht: Vor Gebrauch des Mundwerks Hirn einschalten, denn: Reden ist Silber, Schweigen ist Gold.

Und denkt immer daran: Versprochen ist versprochen und wird auch nicht gebrochen.
Was das Geld und den Reichtum betrifft: Wer das Geld liebt, der bekommt den Hals nie voll davon. Und wer reich ist, hat Angst, man könnte ihm was wegnehmen. Aber das sage ich euch: Das letzte Hemd hat keine Taschen! Arm oder reich: Vor dem Tod sind alle gleich.

Besser den Spatz in der Hand als die Taube auf dem Dach!
Aber das musst du wissen: Unrecht Gut gedeihet nicht!
Und wer anderen eine Grube gräbt, fällt selbst hinein.

Was soll's also? Genieße den Augenblick!
Sei fröhlich und versuche nicht, die Zukunft in den Griff zu bekommen. Was man nicht in der Hand hat, kann man nicht halten.

Nachwort

Der Prediger war ein weiser Mann und lehrte die Menschen eine gute Lehre, und er dachte sich viele Sprichworte aus. Die Zusammenfassung seiner Lehre ist die:

Hab Ehrfurcht vor Gott und halte alle seine Gebote. Das gilt für alle Menschen. Denn vor Gott müssen wir uns alle verantworten für unser Leben, für das Gute ebenso wie für das Böse darin.

Wer die Weisheiten des Predigers ernst nimmt, dem wird sicher auch im Alltag öfter mal ein Licht aufgehen, denn die Zeiten haben sich zwar geändert, die Menschen aber nicht!

Verbotene Liebe? –
Das Hohelied Salomos

Dass Gott uns als Mann und Frau geschaffen hat und dass Männer und Frauen sich finden und einander lieben, das ist eine der schönsten Ideen, die Gott bei der Schöpfung hatte, und die Sexualität ist ein wunderschönes Geschenk des Schöpfers. Schon seit eh und je haben Männer und Frauen ihre Liebe besungen.

Auch in der Bibel wird die Liebe, dieses wunderbare Geschenk Gottes an die Menschen, auf einzigartige Weise gepriesen. Hier sind zwei dieser biblischen Love-Songs:

Er

Deine Füße sind so zierlich
in deinen Schuhen, meine Liebste!
Und deine Hüften so rund,
wie von einem Bildhauer geformt!

In deinem Schoß möchte man versinken
wie in einem Becher Wein,
der niemals leer wird, meine Süße!
Dein Körper ist sanft und weich.
Dein Busen ist so voll und rund;
dein Hals so glatt und samten.

Deine Augen sind so klar wie Wasser;
deine Nase so zierlich und frech;
dein ganzes Gesicht so schön.
Und dein Haar glänzt wie Gold
und ist wie das goldene Netz einer Spinne,
in dem ich gefangen bin.

Du bist schön wie keine andere,
dich zu lieben macht mich glücklich!
Schlank wie eine Dattelpalme ist dein
Wuchs, und deine Brüste gleichen ihren
vollen Rispen.
Auf die Palme will ich steigen,
ihre süßen Früchte pflücken,
will mich freuen an deinen Brüsten,
welche reifen Trauben gleichen.
Deinen Atem will ich trinken,
der wie frische Äpfel duftet,
mich an deinem Mund berauschen,
denn er schmeckt wie edler Wein ...

Das Hohelied Salomos 53

Sie

Komm doch und küss mich!
Deine Liebe berauscht mich
mehr als alles andere.

Weithin verströmt
dein kostbares Parfum
herrlichen Duft.

Jedermann kennt dich,
alle Mädchen weit und breit
schwärmen für dich!

Komm, lass uns eilen,
nimm mich mit dir nach Hause,
fass meine Hand!

Du bist mein König!
Deine Zärtlichkeit gibt mir
Freude und Glück.

Rühmen und preisen
will ich stets deine Liebe,
mehr als alles, was Freude macht.

Mädchen, die schwärmen,
wenn dein Name genannt wird,
schwärmen zu Recht!

nach Hohelied 1,2–4

Die prophetischen Bücher

Die Propheten der Bibel waren schon immer Gegenstand künstlerischer Interpretation.

Große und kleine Propheten

Propheten sind Menschen, die von Gott den Auftrag erhalten, eine bestimmte göttliche Botschaft zu verkünden. Diese Botschaft teilt Gott ihnen in besonderen Erlebnissen mit, entweder so, dass die Propheten Gottes Stimme hören (Auditionen), oder so, dass sie etwas sehen, was eine bestimmte Bedeutung hat (Visionen). Die empfangene Botschaft geben die Propheten weiter an den Herrscher, an einen Ort oder an das ganze Volk. Die meisten Botschaften haben jedoch eine Bedeutung weit über die Zeit ihrer Übermittlung hinaus.

Nach manchen Propheten sind biblische Bücher benannt, in denen von ihrer Botschaft erzählt wird. Diese nennt man Schriftpropheten. Daneben erzählt das Alte Testament auch von Propheten, denen kein eigenes Buch zugeschrieben wurde, z.B. Elia. Von ihm wird z.B. in 1. Könige 17–19 berichtet.
Auch die Prophetenworte der Schriftpropheten wurden ursprünglich mündlich vorgetragen, weitererzählt und später aufgeschrieben.

Die Prophetenbücher des Alten Testaments unterteilt man in die großen und die kleinen Propheten. Das hat nichts mit ihrer Körpergröße oder der Bedeutung ihrer Person oder Botschaft zu tun, sondern mit dem Umfang ihrer Bücher.

Die Bücher der »großen« Propheten Jesaja, Jeremia, Hesekiel und Daniel sind ziemlich umfangreich:

Jesaja	66 Kapitel
Jeremia	52 Kapitel
Hesekiel	48 Kapitel
Daniel	12 Kapitel

Die Schriften der anderen zwölf Propheten sind erheblich kürzer. Darum nennt man sie die »kleinen Propheten«. Es gibt für sie auch die Bezeichnung »Zwölfprophetenbuch«, weil die Schriften ursprünglich in einer einzigen Schriftrolle mit insgesamt 65 Kapiteln zusammengefasst waren:

- Hosea
- Joel
- Amos
- Obadja
- Jona
- Micha
- Nahum
- Habakuk
- Zefanja
- Haggai
- Sacharja
- Maleachi

Den Kopf in der Schlinge: Ein Rest kommt davon! –

Der Prophet Jesaja

Das Jesajabuch hat drei Teile, die jeweils auf ganz verschiedene geschichtliche Ereignisse Bezug nehmen. Der erste Teil (Kap. 1–39) behandelt Ereignisse aus dem 8. Jahrhundert; es werden die Könige Ahas und Hiskia erwähnt. Der zweite Teil (Kap. 40–55) setzt die Gefangenschaft von Israeliten in Babylonien voraus und nennt den Perserkönig Kyrus, der im 6. Jahrhundert v. Chr. herrschte. Die Einschärfung des Sabbatgebots und die Aufforderung, die Tora zu halten, stehen im Zentrum des dritten Teils (55–66). Er setzt voraus, dass das Land wieder von den aus dem Exil Heimgekehrten besiedelt ist. In großen Visionen wird die künftige Herrlichkeit *Zions* beschrieben. Am Ende steht die Vision, dass Gott auch von fremden Völkern verehrt werden wird.

Zion: Ursprünglich war Zion der Name eines Hügels in Jerusalem, auf dem zunächst das Volk der Jebusiter eine Burg erbaute und später von Salomo der Tempel errichtet wurde. Später wird auch ganz Jerusalem als Zion bezeichnet, meist in religiösem Zusammenhang als Stadt Gottes, weil Gott im Tempel gegenwärtig geglaubt wurde.

Jesaja hat etwa zwischen 740 und 700 vor Christi Geburt gelebt und gewirkt. Er kennt sich gut aus am Hof in Jerusalem. Die Zeit, in der Jesaja lebt, ist aufregend. Das assyrische Reich im Norden betreibt eine aggressive Außenpolitik und erobert einen Nachbarstaat nach dem anderen. Die Gegenmacht im Süden ist Ägypten. Und der kleine Staat Juda liegt dazwischen wie ein Getreidekorn zwischen zwei Mühlsteinen. In wechselnden Bündnissen versuchen die Könige in Jerusalem, irgendwie den Kopf aus der Schlinge zu ziehen. Aber jedesmal geht das schief. Immer nutzt der stärkere Bündnispartner das schwache Juda aus. Aber was ist mit dem Bund fürs Leben, den Gott mit dem Volk Israel geschlossen hat? Ist Gott nicht ein viel stärkerer und verlässlicherer Bündnispartner? Doch niemand fragt nach Gott. Da tritt Jesaja auf ...

Der Prophet Jesaja: Sprachrohr Gottes

Im Jahr, als der König Usija stirbt, passiert Jesaja etwas: Er sieht plötzlich Gott auf einem hohen Thron sitzen. Und Serafen, himmlische Wesen mit sechs Flügeln, sind bei ihm. Und er hört sie singen: Heilig, heilig, heilig ist der Herr Zebaoth, alle Lande sind seiner Ehre voll. Und er hört, dass Gott zu ihm spricht: Wen soll ich als Boten senden?
Da sagt Jesaja: Hier bin ich, sende mich. Da hört Jesaja Gott sagen: Geh hin und sage meinem Volk, was es zu erwarten hat, weil es meinen Bund verlassen hat. *(Jesaja 6,1–13)*
Jesaja soll den Menschen in Jerusalem von Gottes zornigem Gericht erzählen, das sie erwartet, damit sie sich vielleicht doch noch besinnen auf den Bund mit Gott. Aber wie soll er das tun? Er spricht zu den Leuten.

Jesaja droht

»Das dümmste Rindvieh weiß, wo es hingehört, und der sturste Esel kennt den Futtertrog seines Herrn. Aber ihr habt euch von Gott, eurem Herrn, abgewandt.« *(Jesaja 1,3)*
Merken die Leute, dass sie gemeint sind?
Hier kommen Ochs und Esel aus der Krippe her, obwohl in der Weihnachtsgeschichte nichts von beiden drinsteht. Aber die wissen, wer ihr Herr ist ...

Jesaja wirbt

Das ist, was Gottes Bund zu bieten hat, sagt Jesaja:
▶ »**Da werden sie ihre Schwerter zu Pflugscharen und ihre Spieße zu Sicheln machen. Denn es wird kein Volk wider das andere das Schwert erheben, und sie werden hinfort nicht mehr lernen, Krieg zu führen.**« ◻ JESAJA 2,4
Kapieren sie, in welchem Bund sie ihr Heil suchen müssen?

Jesaja warnt

Die einfachen Menschen sind nicht besser als die Mächtigen. Jesaja ruft ihnen zu:
▶ »**Weh denen, die Böses gut und Gutes böse nennen, die aus Finsternis Licht und aus Licht Finsternis machen, die aus sauer süß und aus süß sauer machen!**« ◻ JESAJA 5,20. Weh denen, die die Tatsachen verdehen. Die Leute lachen Jesaja aus und verspotten ihn. Merken sie denn nicht, wie ernst die Lage ist? Jesaja mahnt unmissverständlich:
▶ »**Glaubt ihr nicht, so bleibt ihr nicht.**« ◻ JESAJA 7,9

Jesaja singt

Ein Freund von mir hatte einen Weinberg.
Er pflanzte Reben,
baute eine Kelter
und einen Keller –
alles optimal –
und wartete darauf,
dass gute Trauben wuchsen:
Aber nichts war's:
Es wuchsen schlechte.
(nach Jesaja 5)

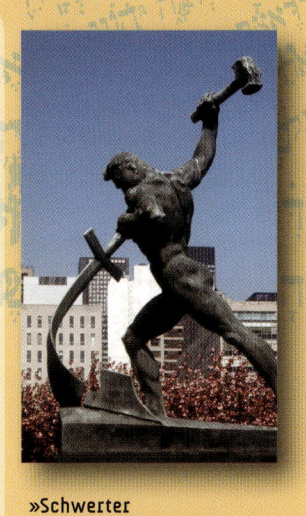

»Schwerter zu Pflugscharen!« war eine Forderung der Friedensbewegung der frühen 80er Jahre. Nach dem Zweiten Weltkrieg wurden mancherorts aus Stahlhelmen Küchensiebe gemacht – ein schönes Bild für die Umdeutung von Macht- und Kriegssymbolen.

Dann fragt Jesaja die Leute: Was sollte man denn eurer Meinung nach tun? Ich will euch sagen, was man tun wird: Sein Zaun soll eingerissen werden, der Weinberg verwüstet, die Mauern sollen zerfallen. Sollen doch Disteln und Dornen darauf wachsen! Soll er doch verdorren!

Jesaja spricht Klartext. Er hält den Leuten einen Spiegel vor:
Der Weinberg, von dem die Rede ist, das seid ihr! Und mein Freund, dem der Weinberg gehört, ist Gott. Wie auf gute Trauben wartete er bei euch auf Rechtsspruch. Und was kam, war Rechtsbruch.
Er wartete auf Gerechtigkeit. Und was ihr gebracht habt, war Schlechtigkeit.

Jesajas Söhne tragen merkwürdige Namen

Jesaja gibt seinen Söhnen Namen, die ausdrücken, was Jesaja den Leuten sagen will: Der eine heißt: »Raubebald-Eilebeute«. Der andere Sohn heißt: »Ein-Rest-wird-umkehren«.
Denn Jerusalem steht das Unglück bevor, dass die Stadt ausgeraubt wird. Der Tag, an dem man Beute macht, naht eilends. Nur für wenige gibt es Hoffnung. Merkt denn immer noch keiner, was auf dem Spiel steht?

Zu Gott umkehren bedeutet gerettet werden

Isai: Vater Davids. Isai stammte aus der Sippe Efrata, die in Bethlehem zu Hause war.

Umkehren zu Gott ist wie aus dem Dunkel ins Licht gehen.

Für die, die zu Gott umkehren und die sich auf den Bund mit ihm verlassen, gibt es Rettung. Denen macht Jesaja Mut: »Der dürre Stamm *Isais* soll neu austreiben und Frucht bringen.« Das Bild sagt: Isai, der Vater des Königs David, und seine Nachfolger werden ein neues Königtum begründen. **»Das Volk, das im Finstern wandelt, sieht ein großes Licht, und über denen, die da wohnen im finstern Lande, scheint es hell.« JESAJA 9,1**
Gott macht denen, die sich auf ihn verlassen, eine große Freude:
»Denn uns ist ein Kind geboren, ein Sohn ist uns gegeben, und die Herrschaft ruht auf seiner Schulter.« JESAJA 9,5 Sein Reich soll groß werden und der Friede darin soll kein Ende haben.
Diese Verheißungen des Propheten Jesaja haben die Christen auf Jesus hin gedeutet.

Gott rettet Jerusalem vor den Assyrern

Was es bedeutet, sich auf Gott zu verlassen, erfährt der König Hiskia. Auf wunderbare Weise rettet Gott Jerusalem. Plötzlich gibt der assyrische König Sanherib die Belagerung auf und zieht ab. Und als Hiskia todkrank ist und zu Gott betet in seiner Not, da lässt ihm Gott durch Jesaja sagen, dass er geheilt werden und noch weitere 15 Jahre leben wird.

Der Prophet Jesaja

Gott spricht tröstende Worte zum Volk Israel. Wie eine Mutter, die ihre Kinder tröstet, so ist Gott zu seinem Volk.

Der »zweite Jesaja«

Der zweite Teil des Jesajabuches (Kapitel 40–55) führt uns in eine spätere Zeit und an einen anderen Ort. Jerusalem ist erobert worden. Der Tempel und die Stadt sind zerstört. Die Sieger haben die Bewohner gefangen genommen und verschleppt – nach Babylon. Weil sich die Worte direkt an die des Propheten Jesaja anschließen, wird er »Deuterojesaja« (der zweite Jesaja) genannt.

Was Gott will

▶ **»Tröstet, tröstet mein Volk!, spricht euer Gott.«** JESAJA 40,1

Die Exilszeit soll bald zu Ende sein. Die Schuld ist vergeben. So richtet der neue Jesaja seinen Volksgenossen im Exil den Willen Gottes aus.

Ewiger Friedensbund

Was ist passiert? Die Umkehr ist passiert! Weil die Menschen sich nicht zu Gott wenden, wendet sich Gott zu den Menschen: ▶ **»Ich habe dich einen kleinen Augenblick verlassen, aber mit großer Barmherzigkeit will ich dich sammeln.«** JESAJA 54,7

Worte gegen die Angst

Gott will den verängstigten Menschen die Angst nehmen: ▶ **»Fürchte dich nicht, ich bin mit dir; weiche nicht, denn ich bin dein Gott.«** JESAJA 41,10 – Die Schuld, die da war, ist vergeben. Gott will sie aus der Welt schaffen.

Der Knecht Gottes

Gott wird einen ernennen, der das für uns tun wird. Einen, der der Knecht Gottes sein wird. Von dem werden die Geretteten dann sagen:

▶ »**Fürwahr, er trug unsre Krankheit und lud auf sich unsre Schmerzen. Wir aber hielten ihn für den, der geplagt und von Gott geschlagen und gemartert wäre. Aber er ist um unsrer Missetat willen verwundet und um unsrer Sünde willen zerschlagen. Die Strafe liegt auf ihm, auf dass wir Frieden hätten, und durch seine Wunden sind wir geheilt.«** 📖 JESAJA 53,4-5

Die ersten Christen haben gesagt: Mit Jesus ist dieses Versprechen erfüllt worden. Jesus ist der Knecht Gottes, der unschuldig für uns gelitten und unsere Strafe getragen hat.

Der »dritte Jesaja«

Der dritte Teil des Jesajabuches (Kapitel 56–66) widmet sich der Rückkehr der Verbannten nach Israel. Man nennt diesen Teil »Tritojesaja«, den dritten Jesaja.
Auf die Heimkehr aus dem Exil folgt die Ernüchterung. Viele Hoffnungen der Heimkehrenden zerplatzen wie Seifenblasen. Statt Frieden und Heil finden sie ein heilloses Durcheinander vor. Und der Tempel, die Wohnung Gottes, liegt immer noch in Schutt und Asche.

Nichts gelernt

»Dass sich die Verheißungen nicht erfüllt haben, ist nicht Gottes Schuld«, sagen die Propheten. »Ihr seid selber schuld. Ihr habt nichts aus unserer Misere gelernt. Ihr macht weiter wie vorher. Ihr habt euch schon wieder von Gott und seinen Wegen abgewandt.« Die Schwachen werden unterdrückt, ausgebeutet, schikaniert. Haben die Menschen denn vergessen, wie es ihnen selbst gegangen ist als Zwangsarbeiter?

▶ »**Brich mit den Hungrigen dein Brot, und die im Elend ohne Obdach sind, führe ins Haus. Wenn du dann zu Gott rufst, wird er dir antworten und sagen: Sieh her, hier bin ich.«** 📖 JESAJA 58,7

So bekommen es die Leute zu hören.

Jesaja ruft uns auf, mit denen zu teilen, die weniger haben und den Schwachen zu helfen, statt sie zu unterdrücken und auszubeuten.

Die Hoffnung geht nicht aus

In den Menschen die Hoffnung auf die kommende Herrlichkeit Gottes wach halten, das ist der Auftrag der Propheten. Denn so spricht Gott: ▶ »**Ich will euch trösten, wie einen seine Mutter tröstet.«** 📖 JESAJA 66,13
Und weil alles nichts hilft, will Gott schließlich alles neu machen. Einen neuen Himmel und eine neue Erde. Freu dich darauf. Es wird sein wie ein fröhliches Fest.

Drei Propheten – ein Buch

Offensichtlich genoss der Prophet Jesaja ein großes Ansehen. Nur so ist zu erklären, dass die verschiedenen Überlieferungen, die einen Zeitraum von rund 400 Jahren umspannen, unter seinem Namen zu *einem* Buch zusammengefasst wurden.

Auch Propheten haben es schwer –
Der Prophet Jeremia

Jeremia erlebt wie kein anderer Prophet eines der dramatischsten Ereignisse in der Geschichte Israels: die zweimalige Eroberung der Hauptstadt Jerusalem durch die Babylonier und die Verschleppung seiner Bevölkerung in das babylonische Exil. Alles, was bis dahin das politische und kulturelle Leben des Volkes Israel gekennzeichnet hatte, wurde zerstört: der König gefangen, der Tempel ein Trümmerhaufen, die Stadt verwüstet und geplündert, die Priester zwangsweise verschleppt, alle Beamten verhaftet, die Armee zerschlagen, das Land verwüstet. Der Prophet Jeremia hat das Geschehen vorausgesehen. Er hat im Namen Gottes seine Landsleute gewarnt, sich nicht in einen Aufstand gegen Babylon hineinziehen zu lassen – vergeblich. Er musste diese Warnung teuer bezahlen ...

Baruch erzählt

Ein guter Freund Jeremias ist der Schreiber Baruch. Er hat das Schicksal des Propheten und seiner Botschaft aufgeschrieben. Hören wir, was er zu berichten weiß:

Tempelreden und Verhaftung

»Jeremia war mutig. Er hat seine kritischen Worte nicht in kleinen Kreisen von Anhängern verlauten lassen, sondern er hat sie öffentlich, sogar im Tempel, verkündet. Im Tempel hat er schwere Vorwürfe gegen den König, die Oberen, die Priester und Amtleute vor allen Leuten erhoben und hat das Volk zur Umkehr aufgerufen. Er hat den Aufstand gegen Babylon, den der König und seine Ratgeber wollten, schärfstens kritisiert und den Untergang Jerusalems vorausgesagt. Er hat soziale Gerechtigkeit und Parteinahme für die Armen, Waisen und Witwen verlangt. Und wie war die Reaktion? – Er wurde verhaftet! Es wurde ein Ermittlungsverfahren eingeleitet. Zum Glück für Jeremia erinnerte man sich daran, dass einst der Prophet Micha Ähnliches verkündet hatte, doch wurde der damals nicht dafür bestraft, vielmehr hat man auf ihn gehört. So wurde jetzt auch mit Jeremia verfahren; er wurde – zunächst – freigesprochen.«

Zu allen Zeiten waren Despoten der Meinung, kritische Worte durch Bücherverbrennungen zum Schweigen bringen zu können, wie auf dem Foto vom Mai 1933 auf dem Berliner Opernplatz. Immer wieder hat es sich als Trugschluss entpuppt. Wann werden diese Leute endlich klug?

Jeremias Schriften werden verbrannt

Baruch berichtet weiter: »Als Schreiber Jeremias habe ich seine Worte auf einer Schriftrolle festgehalten. Aber als der König die Worte Jeremias las, zerschnitt er sie mit seinem Schwert, Blatt für Blatt, und verbrannte sie im Kamin. Das war schrecklich. Nicht nur, weil dadurch meine Arbeit kaputt war, sondern weil er so brutal mit dem Wort Gottes umging! Als ob man es so einfach loswerden könnte! Ich habe alles noch einmal geschrieben und sogar noch Neues dazu.«

Prophet gegen Prophet

»Dann hatte Jeremia einen großen Konflikt mit Hananja. Der trat auch als Prophet auf und behauptete, er verkünde Gottes Wort. Seine Botschaft war positiv: Gott wird euch von den Babyloniern befreien. Das hörten die Leute gern. Jeremia hingegen rief dazu auf: Beugt euch unter Babels Joch. Aber man hat nicht auf Jeremia gehört. Obwohl er Recht hatte und aus ihm die Wahrheit, also Gott, sprach. Als dann die Babylonier – wie von Jeremia geweissagt – Jerusalem *belagerten* (⏪ Seite 36), wurde mein Freund Jeremia verhaftet. Er wurde in ein Wasserloch, eine Zisterne, geworfen. Hier wäre er jämmerlich ums Leben gekommen, wenn ihn nicht heimlich ein Äthiopier herausgeholt hätte. Danach wurde Jeremia dann von Soldaten bewacht. Je länger die Belagerung dauerte, desto knapper wurden die Lebensmittel. Zuletzt gab es gerade mal noch eine Scheibe Brot pro Tag.«

Befreiung

»Als die Babylonier Jerusalem schließlich erobert hatten, wurde Jeremia befreit. Er durfte im Land bleiben, musste nicht in die Gefangenschaft. Aber einige Zeit später wurde er gezwungen, nach Ägypten zu gehen, wovor er immer gewarnt hatte. Seitdem hat niemand mehr etwas von ihm gehört.«

Baruch hat nicht nur die Geschichte von Jeremia aufgeschrieben, er hat auch das, was Jeremia sagte, festgehalten. Am besten, wir hören Jeremias eigene Worte, wie sein Schreiber sie überliefert hat:

▶ »Weh dem, der sein Haus mit Sünden baut und seine Gemächer mit Unrecht, der seinen Nächsten umsonst arbeiten lässt und gibt ihm seinen Lohn nicht und denkt: Wohlan, ich will mir ein großes Haus bauen und weite Gemächer, und lässt sich Fenster ausbrechen und mit Zedern täfeln und rot malen. Darum spricht der HERR über Jojakim, den Sohn Josias, den König von Juda: Man wird ihn nicht beklagen: Ach, Bruder! Ach, Schwester! Man wird ihn nicht beklagen: Ach, Herr! Ach, Edler! Er soll wie ein Esel begraben werden, fortgeschleift und hinausgeworfen vor die Tore Jerusalems.« ◼ JEREMIA 22,13-14.18-19

▶ »Und zu diesem Volk sage: So spricht der HERR: Siehe, ich lege euch vor den Weg zum Leben und den Weg zum Tode. Wer in dieser Stadt bleibt, der wird sterben müssen durch Schwert, Hunger und Pest; wer sich aber hinausbegibt und überläuft zu den Chaldäern, die euch belagern, der soll am Leben bleiben und soll sein Leben als Beute behalten.« ◼ JEREMIA 21,8-9

Der Prophet Jeremia

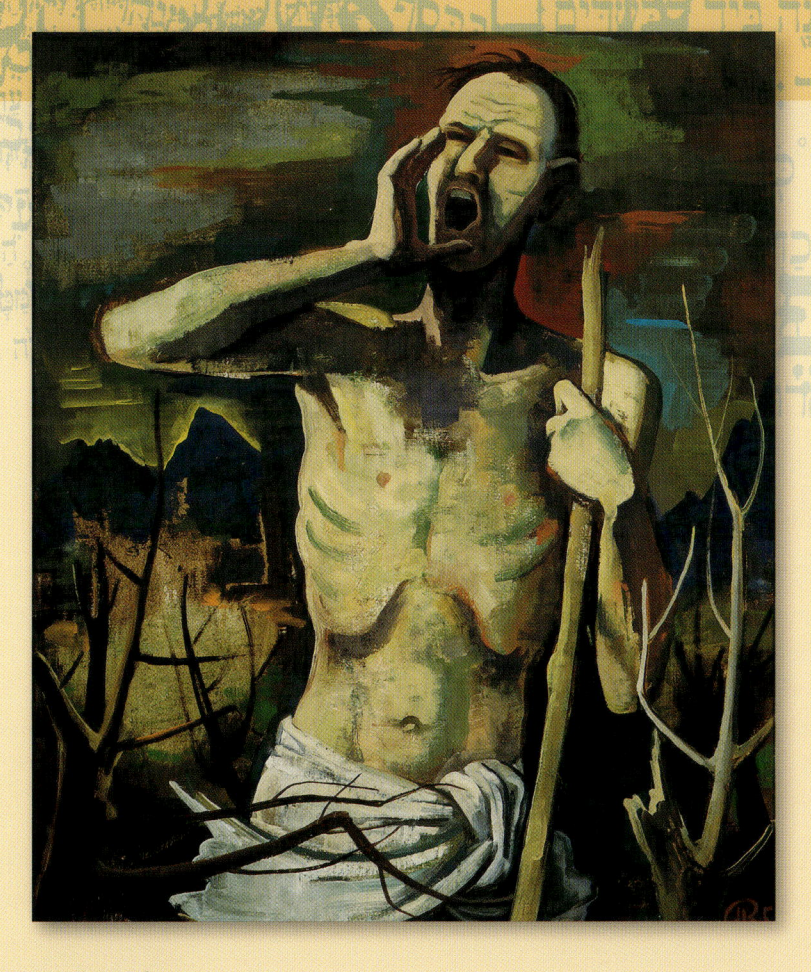

Karl Hofer,
Der Rufer, 1922

Die Klagen Jeremias

Jeremia hat es schwer gehabt. Er wurde angefeindet und verhaftet – und das nur, weil er die Wahrheit Gottes verkündete. Wie kein anderer Prophet hat Jeremia darunter gelitten. Er hat Gott angeklagt. Diese Klagen Jeremias sind das Persönlichste, was die Bibel von einem Propheten überliefert hat. Eine dieser Klagen lautet:

> »Mich jammert von Herzen, dass mein Volk so ganz zerschlagen ist; ich gräme und entsetze mich. Ist denn keine Salbe in Gilead oder ist kein Arzt da? Warum ist denn die *Tochter meines Volks* nicht geheilt? Ach, dass ich Wasser genug hätte in meinem Haupte und meine Augen Tränenquellen wären, dass ich Tag und Nacht beweinen könnte die Erschlagenen meines Volks!«
> JEREMIA 8,21–23

Tochter meines Volkes: Jeremia beklagt die belagerte Stadt Jerusalem, als wäre sie ein Mensch.

Eine andere Klage richtet sich an Gott selbst:

> »Du, HERR, hast mich überredet, und ich habe mich überreden lassen. Du bist mir zu stark gewesen und hast gewonnen; aber ich bin darüber zum Spott geworden täglich, und jedermann verlacht mich. Denn sooft ich rede, muss ich schreien. ›Frevel und Gewalt!‹ muss ich rufen. Denn des HERRN Wort ist mir zu Hohn und Spott geworden täglich. Da dachte ich: Ich will nicht mehr an ihn denken und nicht mehr in seinem Namen predigen. Aber es ward in meinem Herzen wie ein brennendes Feuer, in meinen Gebeinen verschlossen, dass ich's nicht ertragen konnte; ich wäre schier vergangen ...«
> JEREMIA 20,7–9

Ein Grund zum Heulen –

Die Klagelieder Jeremias

Jerusalem war 586 v. Chr. zerstört worden. Als Gefangene der Babylonier wurden die Einwohner ins Exil geführt. Alles war zerbrochen. Das Einzige, was blieb, war der Glaube an Gott. In bewegenden Klageliedern schildern die Menschen Gott ihre Not und bitten um seine Hilfe. Da auch der Prophet Jeremia Gott sein Leid geklagt hatte, als er die Zerstörung Jerusalems miterlebte, hat man diese Lieder dem Propheten zugeschrieben. In den Klageliedern zeigt sich in ganz intensiver Form das Festhalten an Gott in der Not.

Die Menschen, die diese Klagen geschrieben und gesammelt haben, haben Krieg, Zerstörung, Hunger, Flucht, Verletzung und Tod erlebt. Sie schreien zu Gott. Dabei blicken sie zurück auf das, was sie verloren haben. Sie haben erlebt, dass die Stadt Jerusalem in Schutt und Asche gelegt wurde, dass nicht nur Soldaten, sondern auch Frauen und Kinder getötet wurden und dass der Hunger die Menschen in den Tod trieb. Jerusalem tritt in der Klage auf wie eine trauernde Witwe am Grab, voller Trauer:

- Trauer über den Verlust einer glanzvollen, sorglosen und ungezwungenen Zeit. Diese Zeit ist jäh zu Ende gegangen. Vorher herrschte noch Leben pur – jetzt gibt es nur noch Trümmer.

- Trauer über die Vertreibung der Israeliten aus ihrer Heimat. Ihre Besitztümer sind zerstört, ihr Stolz ist zerbrochen. Mehr noch: Sie sind wieder in der verhassten Sklaverei.

- Trauer über die Schmach, denn die vielen Feinde, die sie angegriffen haben, haben einen gewaltigen Sieg errungen. Sie aber, die Bewohner Jerusalems, sind geschlagen und unfrei, die Häuser sind zerstört und der Tempel niedergebrannt.

Jüdische Männer beim Anlegen der Gebetsriemen, vor der Westmauer des ehemaligen Tempels in Jerusalem.

Die Klagelieder Jeremias

- Trauer über die Ferne ihres lebendigen Gottes. Sie empfinden sich so fern von Gott, dass sie glauben, Opfer eines Vernichtungsplanes Gottes zu sein.

Nun ist ihnen Gott so fern, weil er ihnen nicht zu Hilfe kam, um den besonderen Ort Jerusalem, den Zion (⏪ Seite 56), den Tempel, zu bewahren. Der heilige Ort ist zu einem heißen Pflaster geworden, weil Gott nicht an ihrer Seite zu finden war. So wurde dieser Ort wie vor Urzeiten zu einem Ort heidnischer Opfer.

In der ganzen Trauer- und Klagegeschichte dieses Buches wird ein zutiefst menschlicher Trauerprozess geschildert. Menschen sehen ihr schönes, glanzvolles Leben schwinden. Sie entdecken, dass sie bisher achtlos gelebt haben. Sie sehen in dem, was geschehen ist, eigene große Schuld. Viele Versäumnisse kommen ihnen jetzt wieder ins Bewusstsein. Sie leiden auch unter dem Verlust ihres Ansehens. Sie sind nun das Gespött der Welt. In diesen Klagen wird die Beziehung zu Gott wieder neu erlebt. Es gab eine Zeit, in der Gott lange an ihrer Seite war. Sie hatten ihn aber nicht mehr beachtet. Jetzt, so glauben sie, hat er sich von ihnen entfernt und Rache genommen.

Die Klage richtet sich an Gott und wird zu einem harten Ringen mit ihm. Der Klagende weiß, dass er, egal, was auch kommt, von der Güte des lebendigen Gottes lebt – und er will zu ihm umkehren. Er ruft auch die anderen dazu auf. Er hat den Mut, Gott die Frage zu stellen: Hast Du mich verstoßen? Und er hat auch den Mut, die Aufforderung an Gott zu richten: Wende Dich wieder zu mir! Der Ausgang bleibt offen – wird Gottes Zorn nie ein Ende nehmen?

Das Hoffen aber nach der Geborgenheit und der unendlichen Güte Gottes zieht sich durch die Klagen wie tragende Füße im Sand, die einen Menschen wieder in Sicherheit bringen.

▶ »Darüber weine ich so, und mein Auge fließt von Tränen; denn der Tröster, der meine Seele erquicken sollte, ist ferne von mir. Meine Kinder sind dahin; denn der Feind hat die Oberhand gewonnen.« **KLAGELIEDER 1,16**

Für gläubige Juden ist die ehemalige Westmauer des Tempels, die Gebetsmauer, ein heiliger Ort, an dem Gott besonders zugegen ist.

Fern-Seher –
Der Prophet Hesekiel

Hesekiel ist der Sohn eines Priesters aus Jerusalem. Aber er wächst nicht dort, sondern in Babylon auf: Jerusalem war von den Babyloniern erobert worden; alle Politiker und Beamten hatte man gefangen genommen und verschleppt. Aber es leben noch Israeliten in Jerusalem. Da verbreitet sich die Nachricht, dass die einen Aufstand gegen die Besatzer planen.

Berufung

Eines Tages passiert Hesekiel etwas Unfassbares. Er sieht plötzlich vier Gestalten mit vier Gesichtern: Mensch, Löwe, Stier und Adler. Weiter sieht er vier Räder mit Speichen und Felgen voller Augen, die alles sehen. Und er sieht einen Mann auf einem Thron sitzen. Der gibt ihm einen Befehl: »Sag allen, was ich dir sage. Auch wenn sie dich auslachen! Du musst sagen, was geschehen wird. Ich zeige es dir. Warne die Menschen! Wenn du es nicht tust, dann bist du verantwortlich für das, was passiert!« Da weiß Hesekiel: Gott will den Aufstand gegen die Babylonier nicht. Aber wie soll er die Menschen warnen?

Straßentheater im Auftrag des Herrn

Hesekiel spielt Theater auf der Straße, wo ihn viele Menschen sehen. Er baut ein Modell der Stadt Jerusalem, stellt ringsum Spielzeugsoldaten auf und lässt sie gegen die Stadt stürmen. Begreifen die Zuschauer nicht, was passieren wird?

Dann backt Hesekiel ein Pizzabrot – auf Kuhmist! Der brennt gut, aber er ist eklig. So werden die Menschen Brot backen müssen, wenn die Stadt belagert ist und sie nichts mehr zu essen haben.

Hesekiel rasiert sich vor seinen Zuschauern: Erst schneidet er den Bart, dann die Haare. Jetzt hat er eine Glatze. Die Haare legt er auf drei Haufen: Einen verbrennt er, auf einen schlägt er mit dem Schwert ein und einen wirft er in die Luft, sodass der Wind alle Haare wegbläst. So wird es den Menschen in Jerusalem gehen: Sie werden verbrannt, durchs Schwert getötet und in alle Winde zerstreut werden.

Schließlich packt Hesekiel ein Reisebündel. Am Stock hängt ein Tuch, darin ist alles eingepackt, was er tragen kann. Dann zieht er los – wie ein Flüchtling, der nur das mitnehmen kann, was er tragen kann.

Blick in die Heimat

Mit seinem inneren Auge sieht Hesekiel, was in Jerusalem passiert, obwohl er 1000 km weit weg ist. Er sieht: Im Tempel steht das Bild eines babylonischen Gottes. Schrecklich! Das ist ein Verstoß gegen die Zehn Gebote. Das ist Gotteslästerung.

Die vier Symbolfiguren, die den vier Evangelisten Matthäus (Mensch), Markus (Löwe), Lukas (Stier) und Johannes (Adler) zugeordnet werden, gehen zurück auf die Vision Hesekiels.

Er sieht: Im Tempel von Jerusalem werden babylonische Götter verehrt. Schrecklich! Man darf doch nur den einen, wahren Gott anbeten, heißt es in den Zehn Geboten. Er sieht: Gott selbst verlässt den Tempel. Die Stadt wird buchstäblich gott-los.

Wer ist schuld?

Wer ist schuld daran, dass Jerusalem zum zweiten Mal zerstört wird? Die Väter, die sich von Gott abgewendet haben, oder auch die Söhne? Nur die Eltern oder auch wir Heutigen? Hört die Schuld niemals auf? Hesekiel sagt: Nur wer sich schuldig macht, muss seine Schuld tragen. Wer sich anders verhält als die Väter, bleibt ohne Schuld.

Furchtloser Prophet

Hesekiel hat keine Angst vor seinem König. Er sagt ihm, was er falsch macht. Er klagt ihn an: Du bist ein gottloser Verbrecher! Du hast Schuld, wenn dein Volk zugrunde geht. Doch Hesekiel kann nicht aufhalten, was er kommen sieht. Jerusalem riskiert den Aufstand gegen Babylon.

Jerusalems Zerstörung

Das muss bitter bezahlt werden. Die Babylonier belagern die Stadt und erobern sie. Die Stadt wird zerstört. Nun werden auch die restlichen Einwohner als Kriegsgefangene abtransportiert. Es ist eingetreten, wovor Hesekiel gewarnt hat.
Jetzt, nach der Katastrophe – wie geht es weiter?

Jetzt erst recht!

Hesekiel redet von Neuem. Er sagt: Es gibt schlechte Hirten, die ihr Volk ins Verderben führen. Es gibt auch einen guten Hirten, Gott selber. Wieder hat er eine Vision: Er sieht ein ganzes Feld voller Skelette: Schädel, Rippen, Knochen ... es ist ein grausiger Anblick! Aber dann macht Gott sie alle wieder lebendig. Die Toten kriegen Haut, Fleisch, Sehnen und sie beginnen wieder zu atmen. Sie leben. Das gibt neue Hoffnung: So wird auch Israel wieder leben. (Hesekiel 37,1–14)

Der neue Tempel

Hesekiel schmiedet Pläne für den Wiederaufbau Jerusalems und für einen neuen, einen zweiten Tempel. Er sieht: Gott wird wieder in dem Tempel zu finden sein mit seiner ganzen Herrlichkeit. Der neue Tempel: Das ist seine Hoffnung. Das ist seine Vision. Daran hält er fest. Auch nach der Zerstörung gibt es eine Zukunft: weil Gott sie schenkt.

Mit Straßentheater kann man Passanten neugierig machen und ihre Aufmerksamkeit gewinnen. Das wusste auch Hesekiel und machte durch eine Theateraktion auf Gottes Willen aufmerksam.

In der Höhle des Löwen –
Der Prophet Daniel

Das Buch Daniel erzählt die Geschichte eines jungen Mannes, der mit seinem Volk in Gefangenschaft lebt und dennoch die Nähe und Liebe Gottes erfährt.

Der junge Israelit Daniel gehört zu den vielen, die nach Babylonien verschleppt wurden. Er muss mit vielen anderen Angehörigen des Volkes Israel diese schlimme Zeit in einem fremden Land verbringen – in Gefangenschaft. Zur Unfreiheit kommt hinzu, dass sie keinen Ort haben, an dem sie Gott opfern und gemeinsam Gottesdienste feiern können, wie es ihr Glaube verlangt. Schlimmer noch: Daniel und seine Freunde sollen im Sinne der Großmacht umgezogen werden – Gehirnwäsche nennt man so etwas!

Mit allen Mitteln versuchen die jungen Menschen, sich diesem Bestreben zu entziehen. Auch die Freunde vertrauen auf Gott und erfahren eine ganz sonderbare Bewahrung. Ihnen hilft ihr Glaube, den sie von ihren Vorfahren übernommen haben. Am Hof Nebukadnezars halten Daniel und seine Freunde die jüdischen Speisevorschriften ein. Gott segnet sie: sie essen nur vegetarisch und sind doch gesünder als ihre persischen Altersgenossen.

Daniel im Feuerofen und in der Löwengrube

Da lässt der König ein goldenes Standbild bauen und verlangt von allen, dieses anzubeten. Daniel und seine Freunde weigern sich. Daraufhin werden sie in einen Feuerofen geworfen – doch auf wunderbare Weise werden sie gerettet.

Noch einmal kommt er in Lebensgefahr – auch diesmal, weil er sich weigert, den König wie einen Gott anzubeten. Daniel betet allein zu dem lebendigen Gott. Er wird verraten und in eine Grube mit hungrigen Löwen geworfen – das bedeutet den sicheren Tod. Doch die Tiere erkennen Daniels Unschuld und rühren ihn nicht an. Das Urteil wird umgekehrt. Am Schluss kommen die Verräter in der Löwengrube um.

Daniel weigert sich, einen Menschen als Gott anzubeten und damit seinen Gott zu verleugnen. Er wird dafür den Löwen zum Fraß vorgeworfen. Doch seine Treue zu Gott zahlt sich aus und Gott bewirkt, dass die Tiere ihn nicht anrühren.

Daniels Visionen

Schließlich wird Daniel aufgrund seiner Fähigkeiten ein anerkannter Weissager in Babylon. Er deutet die Träume der Machthaber. Er selbst weiß, dass diese Gabe ein Geschenk Gottes ist. In Gesichten und Visionen sieht er voraus, was kommen wird. Er sieht Weltreiche in der Gestalt von Tieren auftreten, die die Menschen bedrohen, unterdrücken und von ihnen Gehorsam erzwingen. Und er sieht als Gegenbild dazu, als das Besondere der Herrschaft Gottes, einen Menschensohn, der eine gerechte Herrschaft in der Welt errichten wird. Es »öffnet« sich die himmlische Welt. Die Menschen können das Unbegreifliche Gottes erfahren – das meint Offenbarung (griechisch: Apokalypse). Mit seinen Offenbarungen will Daniel den Menschen unter der Fremdherrschaft Mut machen, auf Gott zu vertrauen.

Gott ist mit uns

Gott hält sein Volk fest in seiner Hand, egal was auch passiert. Menschen geraten in Gefahr und erleben Bedrohungen verschiedenster Art. Gott kann auch in solchen Situationen erlebt und erfahren werden: als der, der rettet und bewahrt. Nicht als einer, der sich aus allem heraushält, sondern als einer, der sich den Menschen zuwendet und ihnen Rückhalt und Kraft gibt – aus seiner Liebe. Menschen, die dies erleben, sind nicht von Furcht geprägt, sondern sie sind mutig und standhaft, weil sie sich der Nähe Gottes bewusst sind.

Israel benimmt sich wie eine Hure –

Der Prophet Hosea

Hosea tritt nach seinen eigenen Angaben zwischen 740 und 725 v. Chr. im Nordreich Israel auf. Drei Jahre später geht Israel nach der Eroberung der Hauptstadt Samaria durch die Assyrer unter. Hosea bezieht sich auf einen folgenschweren Krieg: Pekach, der König von Israel, und Rezin, der König von Aram-Damaskus, lehnen sich gegen Assur auf. Wenn sie Erfolg haben wollen, brauchen sie aber die Unterstützung von Ahas, dem König von Juda. Ahas weigert sich. Daraufhin zieht Israel gegen Juda, um Ahas abzusetzen und einen gefügigeren König auf den Thron zu bringen. Ahas wendet sich in seiner Not ausgerechnet an Assur. 733 v.Chr. marschieren die Assyrer in Israel ein und verschleppen deren Oberschicht. Israel muss Tribut an Assur zahlen. 724 versucht Hoschea, der letzte König Israels, wieder einen Aufstand. Diesmal hofft er auf die Hilfe Ägyptens. Doch der Aufstand misslingt: 722 erobern die Assyrer Samaria. Israel wird assyrische Provinz: Das Nordreich existiert nicht mehr.

Ich bin Jahwe, dein Gott. Du sollst keine anderen Götter neben mir haben.
So lautet das erste Gebot!!

Hosea vergleicht Israel mit einer Hure und prophezeit das Ende für eine Gesellschaft, die sich von Gott abgewendet hat und sich benimmt wie eine Hure.

Und daran hält sich kein Mensch mehr in Israel. Sie haben Götzenbilder aufgestellt, die sie anbeten. Sie schlafen mit Tempelprostituierten. Ihre Gottesdienste gleichen Orgien. Es wird Schreckliches geschehen, weil Israel sich von Gott abgewendet hat. An der Person Hoseas wird Gott zeigen, wie er mit Israel verfahren wird.

Hoseas Ehe als prophetisches Zeichen

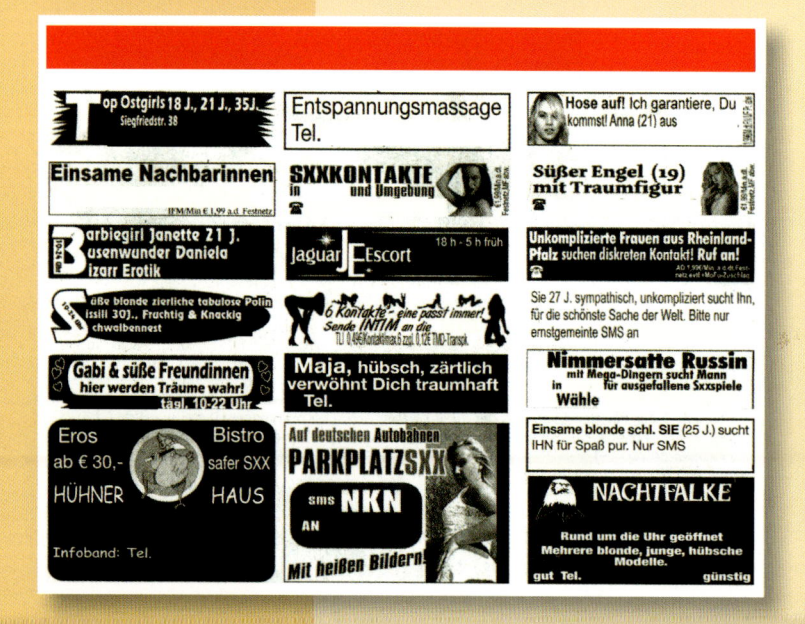

Gott sagt: Nimm dir die Dirne Gomer zur Frau. Deine Kinder werden Hurenkinder sein. Zuerst bekommt sie einen Sohn. Gott sagt: »Nenne ihn ›Jesreel‹, denn bald werde ich das Blutbad, das König Jehu in der Ebene Jesreel angerichtet hat, an seinen Nachkommen rächen und dem Königtum in Israel ein Ende bereiten.«

Das zweite Kind ist ein Mädchen: Gott sagt: »Es soll ›Kein Erbarmen‹ heißen, denn ich habe kein Erbarmen mehr.«

Das dritte Kind ist wieder ein Junge. Gott sagt: »Nenne ihn ›Nicht mein Volk‹, denn Israel ist nicht mehr mein Volk.«

So spricht Gott zu Hosea.

Israel: Ehekrach mit Gott

Hoseas Frau ist ihm auch nach der Hochzeit untreu. Hosea verstößt sie – so wie Gott sein untreues Volk verstößt. Er sagt: Wie eine Hure hast du dich benommen. Du denkst, Brot, Wein und Öl hast du dem Götzen Baal zu verdanken, anstatt mir. Du bist mein Volk und trotzdem gehst du zu heiligen Bäumen und befragst Orakel. Deine Priester feiern Opfermahlzeiten mit Tempelprostituierten und du schämst dich nicht einmal. Du betest einen goldenen Stier an und küsst ihn. Du brichst die Gebote: Du betrügst und lügst, du mordest, stiehlst und brichst die Ehe. Du läufst ins Verderben und deine Priester vorneweg. Deshalb werde ich dich auch als Hure bloßstellen. Ich werde dir mein Getreide und meinen Most wieder wegnehmen. Ich werde deine Kleider aus Wolle und Flachs wegreißen und dich nackt ausziehen vor den Augen deiner Liebhaber. Ich werde deinen Festen und deiner Lust ein Ende setzen.

Die Scheidung und ihre Folgen

Gott sagt zu Israel: Ihr habt meine Gebote gebrochen und meinen Bund verraten. Ich habe euch so viele Wohltaten erwiesen, aber ihr seid undankbar gewesen. Ich sagte: »Säet Gerechtigkeit und erntet nach dem Maß der Liebe (…). Ihr aber pflügt Böses und erntet Übeltat und esst Lügenfrüchte (Hosea 10,12f.). Das kommt daher, weil du dich auf deinen Weg verlässt und auf die Menge deiner Helden. Ihr habt Wind gesät und werdet Sturm ernten. Eure Saat soll nicht aufgehen; was dennoch aufwächst, bringt kein Mehl; und wenn es etwas bringen würde, sollen Fremde es verschlingen.

Gnade vor Recht 1: Versöhnung Hoseas mit Gomer

Gott sagt zu Hosea: Obwohl deine Frau die Ehe gebrochen hat, sollst du sie wieder aufnehmen und sie lieben. Hosea holt seine Frau zurück. Er sagt: Ich werde bei dir bleiben. Du wirst keine Liebhaber mehr haben. Aber ich werde lange nicht mit dir schlafen.

Gnade vor Recht 2: Versöhnung Gottes mit Israel

Gott sagt: In der Wüste werde ich in Liebe mit meinem Volk reden. Es wird zu mir zurückkehren. Es wird sagen: Vergib mir alle Schuld. Ich verspreche dir: Ich werde nie mehr das, was ich mit eigenen Händen gemacht habe, als Gott verehren.
Dann werde ich einen Bund mit den wilden Tieren schließen, damit sie Israel nicht schaden. Ich werde alle Kriege beenden, damit es in Frieden leben kann. Die Ehe, die ich an diesem Tag mit dir schließe, Israel, wird ewig bestehen. Ich schenke dir Liebe, ich schütze dich und ich helfe dir. Ich werde dir immer treu sein und dich nie verlassen. Ich sage zu dir: Du bist mein Volk, und du wirst antworten: Du bist mein Gott.

Gott lässt Neues wachsen, wo der Mensch »verbrannte Erde« hinterlassen hat.

Das katastrophale Gericht Gottes droht, aber die Umkehr der Menschen bringt das Leben –

Der Prophet Joel

Im Zentrum der Verkündigung des Propheten Joel steht die Ankündigung des »Tages Gottes«. Er wird ein Tag des Krieges und der Schrecken sein. Im Bild einer Heuschreckenplage wird dieser Tag veranschaulicht. Damit dieser Tag nicht kommt, ruft Joel eindringlich zur Umkehr, zum Fasten und zur Buße auf.

Alte und Junge, Mächtige und Kinder, Anständige und Säufer – alle sollen, ja müssen es hören: Die Katastrophe steht vor der Tür. Die totale Vernichtung der Lebensgrundlagen droht: Heuschrecken fressen die Felder leer – und sollten sie etwas übrig lassen, werden Käfer und Raupen die Reste holen. Die Obstbäume und Weinstöcke werden in der Trockenheit verdorren, und schließlich wird das große Feuer Felder und Wiesen verbrennen. Trauer und Heulen wird über dem Land liegen. Die Verehrung und das Loben Gottes werden verstummen. Stattdessen werden Menschen und Tiere, ja die ganze Natur seufzen und heulen. Gleich einem brutalen militärischen Überfall durch böse Feinde erstürmen die Naturgewalten jede Stadt, jedes Dorf, jedes Haus. Das ganze Land erzittert, ja sogar Sonne und Mond werden finster und die Sterne halten ihren Schein zurück:
So kommt der *Tag des Herrn* (▶ Seite 76), der Tag des Gerichts.

Obwohl diese Katastrophe vor der Tür steht und das Land und die Menschen zu vernichten droht, öffnet Gott eine Tür zur Rettung. Durch den Propheten Joel rüttelt er sein Volk auf, treibt es zu einer Umkehr an – durch und durch: *Von ganzem Herzen, von Grund auf, sollen sich die Menschen ändern und wieder Gottes Geboten folgen!* Denn der Prophet sagt zu, dass *Gott gnädig, barmherzig, geduldig und von großer Güte ist!* Wenn die Menschen sich wieder Gott zuwenden, soll die ganze Zerstörung in der Natur verschwinden. Ja, der entstandene Schaden soll sogar erstattet werden durch überreiche Ernte.

Und Gott wird seinen Geist zu den Menschen senden. Alte und Junge sollen in Träumen und Visionen Gottes gute Welt erkennen – und in ihrem Sinn leben!

Katastrophen – wie z. B. diese riesigen Heuschreckenschwärme in Afrika – führen uns immer wieder vor Augen, dass unser Dasein bedroht ist.

Das Unrecht schreit zum Himmel –

Der Prophet Amos

Amos ist ein Prophet, der mit Ironie, mit Elementen der Totenklage, mit weisheitlichen Fragen, Weherufen und Mahnungen seine Gerichtsworte spricht. Er klagt Unrecht an, das Menschen an Menschen begehen, er kritisiert unglaubwürdige Gottesdienste und protestiert gegen die Beugung des Rechts. In fünf Visionen wird das Ausmaß des kommenden Unheils verdeutlicht: Das Haus des Königs wird Kriege erleben, der Altar von Bet-El wird zerstört werden. Amos bekommt daraufhin vom Staatspriester von Bet-El Auftritts- und Verkündigungsverbot.

Wer ist eigentlich Amos?

Amos sagt von sich selbst, dass er kein Berufsprophet sei. Er ist ein Bauer, der Maulbeerfeigen und Vieh züchtet. Zum Propheten wird er, weil Gott ihn beauftragt hat. Für ihn ist das ganz zwangsläufig: Wenn es regnet, wird die Erde nass; oder wie Amos es ausdrückt: »Wenn ein Vogel von einem Stein getroffen wird, fällt er zu Boden.« Weder seine Charaktereigenschaften noch seine eigene Frömmigkeit spielen bei diesem Auftrag eine Rolle. Er richtet einfach nur aus, was Gott zu ihm sagt.

Seine Visionen

Was Gott seinem Volk mitteilen will, hat er seinen Propheten in fünf schrecklichen Traumbildern (Visionen) sehen lassen. In den beiden ersten sieht er folgendes:
• Ein *Heuschreckenschwarm* droht die ganze Ernte zu vernichten.
• Ein *Feuerregen* frisst das Ackerland.
Amos versteht, was diese Bilder bedeuten: Gott droht Israel mit dem Untergang. Amos bekommt Angst und bittet: »Herr, halt ein.« Und Gott gewährt noch eine Gnadenfrist.

Aber die nächste Vision zeigt Amos ein *Lot*. Das ist ein Gewicht an einem Faden. Es wird an eine Mauer gehalten, um zu kontrollieren, ob sie gerade gebaut wurde. Amos erkennt: Gott prüft das Volk Israel, ob es gerade (recht) ist. Die Prüfung fällt schlecht aus, denn das vierte Traumbild zeigt einen *Obstkorb mit überreifem Obst*: Hier ist etwas oberfaul. Das Volk muss bestraft werden. Zum Schluss sieht Amos, wie Gott über dem Altar steht. Der Altar bricht zusammen und begräbt alles unter sich. Jetzt weiß er: Die Katastrophe tritt ein und niemand wird entkommen.

Amos klagt an

Eure Ungerechtigkeit schreit zum Himmel:
Ihr Richter seid bestechlich. Wer Geld hat, bekommt Recht.
Ihr Reichen gönnt euch ein Leben im Luxus und kümmert euch keinen Deut darum, wie es den Armen geht.

Ihr betrügt. Ihr fälscht Maße und Gewichte und macht die Armen immer ärmer.
Ihr verkauft sogar Menschen wegen ein paar Sandalen in die Sklaverei.
Deshalb sind auch eure Gottesdienste nur widerlich frömmelnde Selbstdarstellungen.
Wenn ihr wirklich nach Gott fragtet, würdet ihr anders handeln.
Ihr denkt, weil ihr Gottes auserwähltes Volk seid, könnt ihr euch auf euren Lorbeeren ausruhen. Umgekehrt ist es richtig: Wer auserwählt ist, hat auch die Verpflichtung, sich Gott gemäß zu benehmen.

Wir sind verantwortlich für unsere Mitmenschen. Gott will, dass es gerecht auf der Welt zugeht.

Sein Gegner

Der Priester Amazja am Heiligtum in Bethel schickt einen Boten zum König von Samaria: »Achtung, Amos zettelt einen Aufstand an. Er behauptet, dass der König durch das Schwert sterben wird. Schlimmer noch: Das ganze Volk Israel wird deportiert werden. Solche Behauptungen machen doch nur die Leute verrückt. Ist das nicht Landfriedensbruch?«
Amazja verschweigt aber, dass Israel unrecht gehandelt hat und dass die drohende Katastrophe eine Strafe Gottes für dieses Handeln darstellt.
Ganz wohl ist Amazja nicht bei dem, was er da tut. Deshalb lässt er sich ein Hintertürchen offen: Er will Amos (obwohl er ihn verpetzt hat) in Sicherheit bringen: »Seher, flüchte ins Land Juda, wo du hergekommen bist. Dort kannst du Prophet sein.«
Hinter der Grenze, bitteschön, denn hier soll unsere Ruhe nicht gestört werden.

Amos behält Recht

Das vierte Traumbild zeigt überreifes Obst: Hier ist etwas oberfaul. Das Volk muss bestraft werden.

Die Katastrophe, die Amos vorhersah, tritt ein. Israel muss ins Exil gehen. 722 v. Chr. wird Samaria von den Assyrern erobert und die Oberschicht wird verschleppt.
Und wenn die Strafe verbüßt ist?

Amos spricht von einem kleinen Hoffnungsschimmer:
»Hasset das Böse und liebet das Gute, richtet das Recht auf im Tor, vielleicht wird der HERR, der Gott Zebaoth, doch gnädig sein denen, die von Josef übrig bleiben.«
AMOS 5,15
Vielleicht ist Gott einem Rest des Volkes gnädig.

Gott rettet den Verfolgten und schafft Gerechtigkeit –

Der Prophet Obadja

Das kürzeste Büchlein des Alten Testaments enthält eine Ankündigung der Vernichtung Edoms und eine Heilsankündigung für Juda und den Zion. Edom ist eigentlich ein Brudervolk Israels, aber es hat sich im Lauf der Geschichte immer wieder durch Landraub zu Lasten Judas auszuweiten versucht. In der Verkündigung Obadjas kehrt sich dieses Verhältnis um.

Esau und Jakob

Die Geschichte von den Zwillingsbrüdern Esau und Jakob, wie sie im Buch Genesis erzählt wird (◄◄ Seite 9), schimmert an vielen Stellen des Obadja-Büchleins durch. Esau und Jakob streiten sich schon im Mutterleib um das Recht, als Erster geboren zu werden. Streit durchzieht ihr Leben. Auf dem Höhepunkt der Spannungen flieht Jakob in ein anderes Land. Dort ist er sicher vor den Mordabsichten seines Bruders Esau. Nach vielen Jahren wagt Jakob die Heimkehr und es kommt zur Versöhnung zwischen beiden.

Israel und Edom

Israel und Edom sind Brudervölker, die sich als Nachfahren von Jakob und Esau verstehen. Wenn Obadja das Volk Israel meint, spricht er auch von Jakob – oder gar von seinen Kindern Josef und Benjamin.

Edom verweigert dem Bruder die Hilfe

Das Volk Israel durchlebt eine schwere Zeit: Das Land ist von fremden Mächten besetzt. Die Menschen werden in die Sklaverei weggeführt, ihr Besitz unter die Eroberer verteilt. In dieser Situation wartet Israel/Jakob auf die Hilfe des Bruder-(volkes) Edom/Esau. Aber Edom hilft nicht. Ganz im Gegenteil: Anstatt zu helfen, beteiligt sich Edom an dem Raubzug der Feinde.

Drohung gegen Edom

Im Namen Gottes spricht der Prophet Obadja eine Fülle von Drohungen und Strafankündigungen gegen Edom aus: Auch wenn sie sich jetzt noch stark fühlen, wird Gott sie doch klein kriegen. Das Land soll ausgeraubt werden. Die alten Freunde, auf die Edom sich verlassen wollte, werden Feinde werden. Die einstmals Starken werden schwach; Mord und Totschlag wird die Edomiter treffen – da sie dem Bruder die Hilfe verweigert haben.

Rettung und Heimkehr für das Volk Israel: Der Tag des Herrn

Der *Tag des Herrn* ▶ bringt die Wende: Gott greift ein, um die Schwachen zu retten. Die Vertriebenen und Entrechteten können in ihr Land zurückkehren. Sie sollen ihre Felder und Städte wieder in Besitz nehmen – und das Land der Feinde dazu. Die Geretteten werden sich unter der Herrschaft Gottes versammeln, aber die Edomiter wird das göttliche Gericht vernichten.

▶ **Tag des Herrn:** Der Tag, an dem Gott die grundlegende Änderung der Welt vornehmen wird, verbunden mit dem endzeitlichen (jüngsten) Gericht über alle Menschen. Die Vorstellung vom Tag des Herrn zieht sich von den Propheten des Alten Testaments bis ins Neue Testament (dort vor allem in der Offenbarung des Johannes).

»Der ganze Fisch war voll Gesang« ... und Ninive wird gerettet –

Der Prophet Jona

Das Büchlein ist eine große Erzählung über den Propheten Jona. Er soll im Auftrag Gottes der Weltstadt Ninive den Untergang ansagen. Er flieht vor diesem Auftrag. Wir erleben, wie es Jona ergeht, erfahren etwas über die Gnade und Vergebungsbereitschaft Gottes und von den Problemen, die Jona damit hat.

Der Prophet Jona erhält von Gott den Auftrag, in die große Stadt Ninive zu gehen. Wegen ihrer Bosheit soll er Gottes Gericht verkünden. Diesen unangenehmen Auftrag möchte Jona aber nicht erfüllen; deshalb versucht er auf einem Schiff vor Gott zu fliehen.
Als das Schiff auf seiner Fahrt in Seenot gerät, beten alle Seeleute zu verschiedenen Göttern – ohne Erfolg. Sie bemerken schließlich, dass das Unwetter Jona gilt, und er bietet ihnen von sich aus an, sie mögen ihn über Bord werfen, damit wenigstens sie selbst gerettet werden. So geschieht es. Und das Meer wird still. Jona aber wird von einem großen Fisch verschluckt. Im Bauch des Fisches betet Jona zu Gott, bekennt ihm seine Angst – und wird gerettet: »Du hast mein Leben aus dem Verderben geführt, HERR, mein Gott« (Jona 2,7). – Nach drei Tagen und drei Nächten (vgl. Mt 12,40!) speit der Fisch den Jona wieder ans Land. Nun führt Jona den Auftrag Gottes aus, geht nach Ninive und kündigt den Einwohnern an, dass ihre Stadt in 40 Tagen untergehen wird. Daraufhin kommen die Bewohner von Ninive zur Einsicht. Sie ändern ihr Leben. Als Gott die Einsicht der Menschen sieht, nimmt er sein Urteil über den Untergang Ninives zurück. Nun soll Jona auch die Gnade Gottes verkünden.
Über diese Schwankungen im Urteil Gottes wird Jona zornig: Lieber will er tot sein, als die Barmherzigkeit Gottes über Ninive zu verkünden. Am Beispiel einer Staude bringt Gott den Jona zur Einsicht: Als Jona in der Mittagshitze nach Schatten sucht, lässt Gott durch ein Wunder eine Schatten spendende Staude wachsen. Jona freut sich. Als dann ein Wurm kommt und die Staude zum Absterben bringt, wird Jona betrübt und möchte am liebsten sterben. Da fragt Gott nach der Berechtigung seines Unmutes, zumal Jona ja gar nichts zum Wachsen der Staude beigetragen habe. Warum sollte Gott nicht mit seinen Gefühlen an dem Schicksal der Stadt Ninive hängen, zumal er am Wachsen dieser Stadt mehr beteiligt war als Jona am Wachsen der Staude!

Von Gott hört Jona das Wort: »Geh an meiner statt nach Ninive!«
Doch Jona bockt,
sein Herz ist verstockt.
Fast kommt er um in der See.

Jona und Jesus

Als Jesus aufgefordert wurde, durch ein Zeichen zu beweisen, dass er der von Gott verheißene Messias sei, sagte er: ▶ **»Ein böses und abtrünniges Geschlecht fordert ein Zeichen, aber es wird ihm kein Zeichen gegeben werden, es sei denn das Zeichen des Propheten Jona. Denn wie Jona drei Tage und drei Nächte im Bauch des Fisches war, so wird der Menschensohn drei Tage und drei Nächte im Schoß der Erde sein.«** ■
MATTHÄUS 12,39-40. Jona im Bauch des Fisches wird hier zum Symbol des Todes Jesu Christi und seiner Auferstehung.

»Es ist dir gesagt, Mensch, was gut ist« –
Der Prophet Micha

Der Prophet Micha klagt sein Volk an. Die Vergehen gegen Gottes Gebote, insbesondere die der Reichen und Mächtigen im Land, fordern Gericht und Strafe heraus. Doch der Prophet spricht nicht nur ein vernichtendes Urteil über das Leben in der Gegenwart. Er weckt auch Hoffnung: Ganz Israel wird errettet und erneuert, wenn der Messias kommt und sein Friedensreich errichtet. Sein Reich wird alle Völker und Nationen erfassen.

▶ »Es ist dir gesagt, Mensch, was gut ist und was der HERR von dir fordert, nämlich Gottes Wort halten und Liebe üben und demütig sein vor deinem Gott.« ▪ MICHA 6,8

Micha stellt das Volk im Namen Gottes vor die Entscheidung. Wenn das Volk tut, was ihm gesagt ist, wird es Heil ernten. Ansonsten bringt Gottes Gericht Unheil über das Land.

Unheil

Gott der Herr wird Richter sein über alles Unrecht. Die Erde wird beben, Feuer fällt vom Himmel, Städte versinken in Schutt und Asche. Krieg überzieht das Land. Menschen werden

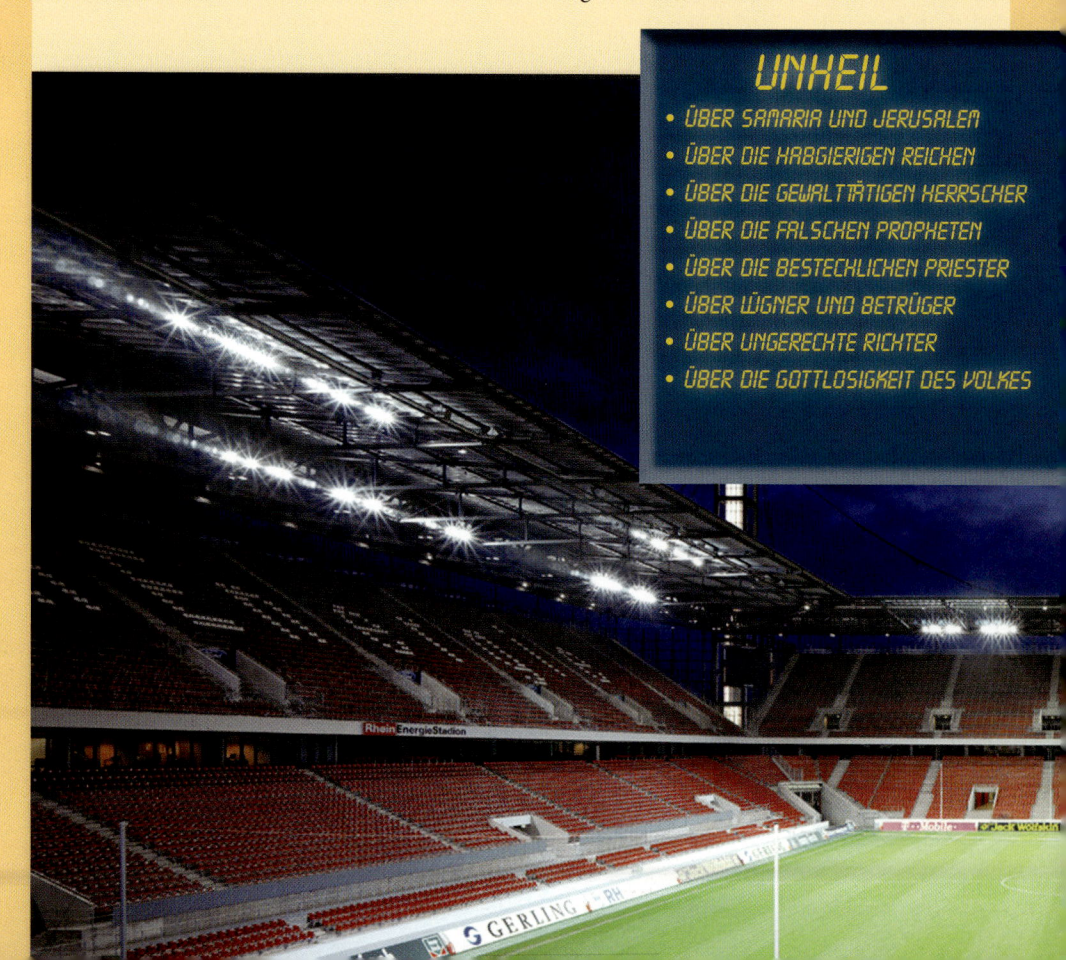

UNHEIL
- ÜBER SAMARIA UND JERUSALEM
- ÜBER DIE HABGIERIGEN REICHEN
- ÜBER DIE GEWALTTÄTIGEN HERRSCHER
- ÜBER DIE FALSCHEN PROPHETEN
- ÜBER DIE BESTECHLICHEN PRIESTER
- ÜBER LÜGNER UND BETRÜGER
- ÜBER UNGERECHTE RICHTER
- ÜBER DIE GOTTLOSIGKEIT DES VOLKES

Der Prophet Micha

misshandelt und gequält. Sie werden vertrieben und verschleppt oder müssen fliehen. Falsche Propheten haben nichts mehr zu sagen. Man wird essen, aber nicht satt werden. Man wird vieles beiseite schaffen, aber nichts retten. Man wird säen, aber nichts ernten. Das Land wird zur Wüste, die Bewohner zum Gespött.

Heil

Aus *Bethlehem* (▶ Seite 99) wird der Retter kommen, der über Israel herrschen soll. ▶ **»Und du, Bethlehem Efrata, die du klein bist unter den Städten in Juda, aus dir soll mir der kommen, der in Israel Herr sei, dessen Ausgang von Anfang und von Ewigkeit her gewesen ist.«** MICHA 5,1 Eine Frau wird den erwarteten Sohn zur Welt bringen, dann werden alle Israeliten, die verschleppt und zerstreut wurden, sich wieder zusammenfinden. Wie ein Hirte wird er sein Volk führen und mit Gottes Hilfe und Kraft wird er es schützen. Israel wird in Sicherheit leben, denn seine Macht reicht bis an die Enden der Erde. Jerusalem wird wieder aufgebaut und Gottes Zorn wandelt sich in Barmherzigkeit. Diese Gewissheit macht Micha trotz seiner schweren Aufgabe hoffnungsvoll:

»Ich aber schaue aus nach dem Herrn. Ich warte voll Vertrauen auf Gott, meinen Retter. Mein Gott wird mich erhören.« *(Micha 7,7)*

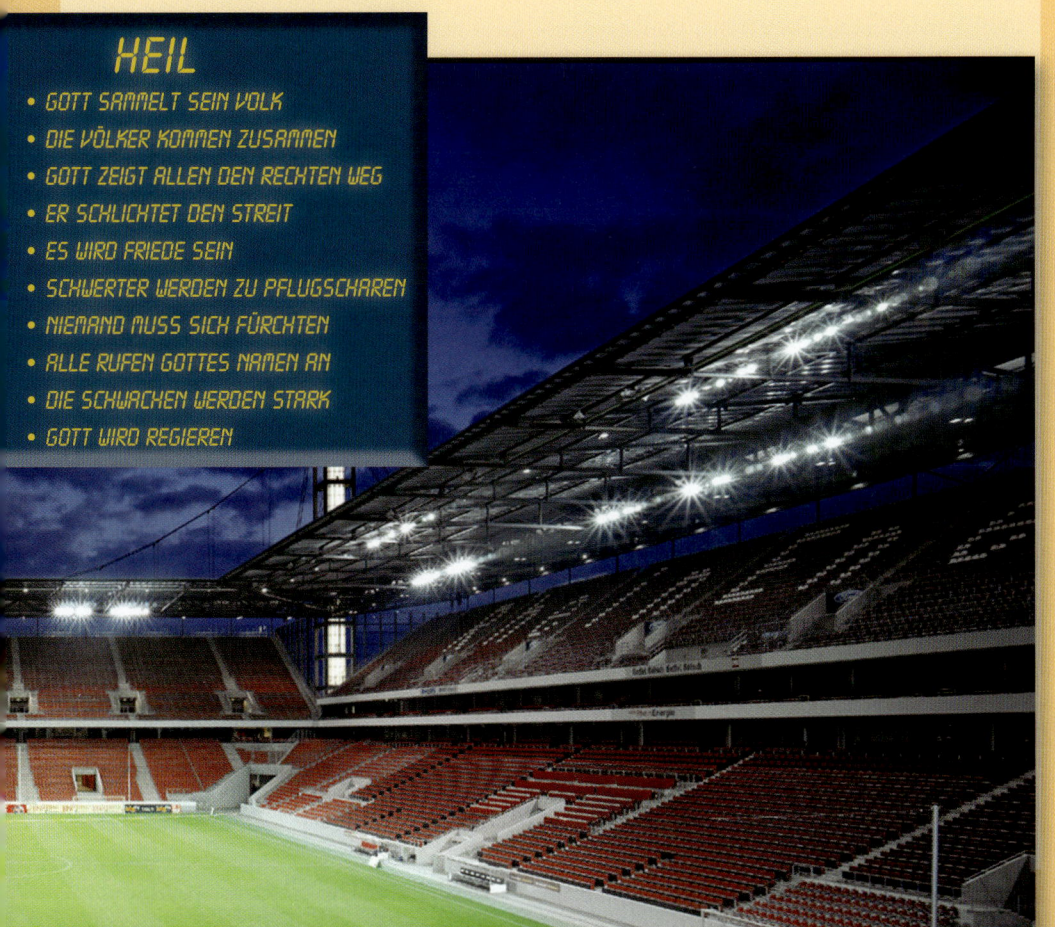

HEIL
- GOTT SAMMELT SEIN VOLK
- DIE VÖLKER KOMMEN ZUSAMMEN
- GOTT ZEIGT ALLEN DEN RECHTEN WEG
- ER SCHLICHTET DEN STREIT
- ES WIRD FRIEDE SEIN
- SCHWERTER WERDEN ZU PFLUGSCHAREN
- NIEMAND MUSS SICH FÜRCHTEN
- ALLE RUFEN GOTTES NAMEN AN
- DIE SCHWACHEN WERDEN STARK
- GOTT WIRD REGIEREN

10 : 8 für die Hoffnung! Trotz all der Katastrophen und des Unheils, das Micha kommen sieht, gibt es dennoch die Hoffnung, dass Gott den Retter, den Messias schickt, der sein Volk sammelt wie der Hirte die verstreuten Schafe.

»Dein Grab ist schon geschaufelt, Ninive« –
Der Prophet Nahum

Nahum ist der Prophet, der den Untergang Ninives, der Hauptstadt des neuassyrischen Reiches, ansagt. Diese Unheilsankündigung gegen die Großmacht verbindet sich mit Freudenbotschaften an Juda. Ninive wird im Bild einer schönen Hure dargestellt; der Untergang Ninives wird mit drastischen Worten ausgemalt. Das Buch enthält im ersten Kapitel eine Schilderung des Erscheinens Gottes mit sehr alten religiösen Vorstellungen.

Viele Völker hatten die Assyrer besiegt und unterworfen – auch den Staat Israel. Nun führten sie ein strenges und grausames Regiment. Die Besiegten waren zu schwach, um sich dagegen aufzulehnen. Niemand kam ihnen zu Hilfe, niemand bestrafte die Verbrechen, die von den Siegern an ihren wehrlosen Opfern begangen wurden.

In dieser aussichtslosen Lage gibt es für den Propheten Nahum trotzdem noch Aussicht auf eine Änderung dieser schlimmen Situation. Er rechnet mit dem Eingreifen Gottes. Da, wo Menschen das Recht mit Füßen treten, ihre Mitmenschen misshandeln und jeglichen Respekt vor Gott verloren haben, bleibt dies nicht ungestraft. Gott kann zornig werden, er kann Rache und Vergeltung üben, auch wenn er in seiner Geduld seine Macht lange zurückhält.

Sturm und Wellen, Dürre, Feuer und wankende Berge sind Zeichen seiner Macht, wenn sein Zorn sich gegen seine Feinde richtet und seine Güte sich den Notleidenden und Hilfesuchenden zuwendet.

Ninive (Seite 77) ist die mächtige Hauptstadt der Assyrer und zugleich ein Symbol für Gottlosigkeit, Sünde und Verbrechen im großen Stil. Ihr Untergang ist eine von Gott beschlossene Sache. Mit dieser Botschaft macht Nahum dem Volk Juda wieder Hoffnung.

Wie ein aufgeregter Reporter, der alles live miterlebt, schildert der Prophet die Eroberung der Stadt Ninive bis in viele Einzelheiten hinein. Schließlich ist alles vorbei. Wo man hinsieht, Verheerung und Verwüstung, verzagte Herzen und schlotternde Knie, schmerzgekrümmte Leiber und aschfahle Gesichter.

Nahum spart nicht mit Hohn und Spott über den Untergang der mächtigen Nation, die nun dasselbe Elend erleiden muss, das sie selbst vielen anderen Völkern gebracht hat. Sie kannte kein Mitleid, wurde reich durch Raub und Gewalt. Nun klatschen die einst Besiegten vor Freude in die Hände, denn sie alle hatten Ninives Grausamkeit zu spüren bekommen.

»Der Gerechte wird durch seinen Glauben leben« –

Der Prophet Habakuk

Kaum zwei Seiten umfasst das kleine Büchlein des Propheten Habakuk.

Umso wichtiger ist das, was er zu sagen hat.

Schwer, sehr schwer ist die Zeit, in der Habakuk sich mit seiner Klage an Gott wendet. Es herrscht Unrecht, Gewalt, Unterdrückung und Streit im Land: ▶ **»Warum lässt du mich Bosheit sehen und siehst dem Jammer zu?«** HABAKUK 1,3 Habakuk kann das Unrecht und Elend in Israel nicht mehr mit ansehen: ▶ **»HERR, wie lange soll ich schreien, und du willst nicht hören?«** HABAKUK 1,2 Aber schließlich erhält er von Gott eine Antwort. Die Babylonier werden das Land erobern und zerstören als Strafe für all das Unrecht. Im Auftrag Gottes warnt er sein Volk und beschreibt die Schreckensherrschaft der Babylonier. Er schreibt die Botschaft in deutlicher Schrift auf große Tafeln, damit es jeder lesen kann.

▶ **»Weh dem, der sein Gut mehrt mit fremdem Gut – wie lange wird's währen?«** HABAKUK 2,6

▶ **»Weh dem, der unrechten Gewinn macht zum Unglück seines Hauses.«** HABAKUK 2,9

▶ **»Weh dem, der die Stadt mit Blut baut und richtet die Burg auf mit Unrecht.«** HABAKUK 2,12

▶ **»Siehe, wer halsstarrig ist, der wird keine Ruhe im Herzen haben, der Gerechte aber wird durch seinen Glauben leben.«** HABAKUK 2,4

Habakuk ist in einem Zwiespalt. Einerseits bringen die Babylonier die gerechte Strafe über Israel. Aber nun fürchtet er, dass sie sein Volk ganz vernichten könnten.

Gott wird den Unterdrückten helfen

Der bösartige Angreifer Babylon wird aber sein Ziel nicht erreichen. Das Volk wird nicht vernichtet werden. Es folgen sehr deutliche Drohworte gegen die Unterdrücker. Es sind scharfe Anklagen gegen eine Großmachtpolitik: Warum verschlingt ihr die kleinen Völker? Warum häuft ihr Macht und Reichtum an und nehmt dabei Tod und Verderben in Kauf? Dadurch ladet ihr unermessliche Schuld auf euch. Weil ihr euch so verhaltet, werdet ihr zugrunde gehen.

Was Gott vorhersagt, wird eintreten: Habakuk schaut Gottes Eingreifen, das die ganze Schöpfung erschüttert. Gott wird den Unterdrückten helfen. So kann der Prophet sein Büchlein mit einem Lob auf Gott beschließen:

▶ **»Aber ich will mich freuen des HERRN und fröhlich sein in Gott, meinem Heil.«** HABAKUK 3,18

Babylonische Bogenschützen beim Angriff

Der feurige Bote –

Der Prophet Zefania

Auch in der Verkündigung Zefanjas spielt der Tag Gottes eine herausragende Rolle: Er ist Gerichtstag über Juda und Jerusalem, ja sogar über die ganze Schöpfung. Nur durch Umkehr kann er verhindert werden! Am Ende des Büchleins gibt es Visionen einer heilvollen Zukunft für Israel und alle Völker. Mit dem Jubel Zions über die neue Zuwendung Gottes schließt das Buch.

Das Gericht Gottes

Der Tag, an dem Gott kommt, *der Tag des Herrn* (⏪ Seite 76), wird ein grauenhafter Tag. Gott sagt: Ich werde die Menschheit vom Erdboden vertilgen. Alles wird vernichtet.

Die Anklage

Die Menschen sind Gott ungehorsam. Sie beten fremde Götter an. Sie sind abergläubisch. Deshalb treten sie nicht auf die Schwelle eines Hauses. Nachts beten sie auf den Dächern zu den Sternen. Aber sie haben kein schlechtes Gewissen, sich durch Gewalt und Betrug zu bereichern. Bei allem denken sie: Gott tut ja doch nichts – weder Gutes noch Böses. Aber sie irren! Jerusalem wird zerstört werden, denn seine Bewohner halten sich nicht an die Gesetze Gottes – obwohl Gott mitten unter ihnen wohnt. Die führenden Männer bereichern sich, die Richter sind gierig, die Propheten sind Schwätzer, die Priester entweihen das Heiligtum und handeln nach ihrer eigenen Willkür. Keine Warnung nehmen sie ernst.

Die Strafe

Kein Silber und Gold kann sie retten, wenn der Gerichtstag Gottes kommt. Wie ein Feuersturm wird Gottes Zorn das ganze Land verwüsten und alle Bewohner vertilgen.

Kann man gar nichts mehr ändern?

Vielleicht könnt ihr euch noch retten. Wenn ihr Unrecht getan habt, bessert euch, bevor es zu spät ist. Wenn ihr die Gebote Gottes befolgt habt, macht weiter so. Vielleicht werdet ihr dann verschont. Es gibt einen Hoffnungsschimmer: Gott wird die Feinde Israels, die umliegenden Völker, die Moabiter, die Ammoniter, die Äthiopier und Assyrer, samt der prächtigen Hauptstadt Ninive untergehen lassen.

Wer überlebt?

Dann aber – ein Rest wird in Israel wohnen bleiben. Arme und demütige Leute werden es sein, die auf Gott ihre ganze Hoffnung setzen. Sie werden kein Unrecht tun und in Glück und Frieden leben.

Nach dem Exil: Neuer Tempel, neues Volk –

Der Prophet Haggai

Das Buch Haggai ist klar gegliedert. Jedes Wort des Heilspropheten beginnt mit einer genauen Datierung. Es geht um den Wiederaufbau des Tempels. In persönlichen Heilsworten werden der Statthalter der persischen Provinz Juda und der Hohepriester ermutigt, den Wiederaufbau des Tempels, der seit der Zerstörung durch Nebukadnezar II. (587/586 v. Chr.) ein Trümmerhaufen ist, voranzutreiben. Dem Beginn der Bauarbeiten wird der Beistand Gottes verheißen. Mit der Grundsteinlegung wird eine neue Heilszeit beginnen. Der Statthalter erhält ein besonderes Wort des göttlichen Beistands. Das Besondere ist, dass sich in dem Buch nur Heilsworte finden.

Die Zeit ist gekommen, den Tempel des Herrn wieder aufzubauen

Nach vielen Jahren im Exil darf das Volk Israel aus Babylon in die Heimat zurückkehren. Aber alles ist zerstört und verwüstet. Was ist nun zu tun? In diese Situation hinein gibt der Prophet Haggai vier Weissagungen (»Worte«) weiter, die ihm von Gott offenbart worden sind. Die vier Worte richten sich an den Statthalter von Juda, Serubbabel, an den Hohenpriester Jeschua und an das Volk.

Wiederaufbau – alle packen mit an. Ein Neuanfang, der aber nur dann gelingt, wenn Gott mit von der Partie ist.

Das erste Wort

Es ist Zeit zum Wiederaufbau des Tempels! Alle Not kommt daher, dass der Tempel noch nicht wieder aufgebaut worden ist. »Ihr sät viel und bringt wenig ein.« Die Menschen werden aufgefordert, mit dem Wiederaufbau des Tempels zu beginnen. Eine besondere Verantwortung liegt dabei auf dem Statthalter, der ein Nachkomme des *Königs David* (Seite 30) ist. Damit er die Aufgabe anpackt, sagt Gott ihm zu: **»Ich bin mit euch!« HAGGAI 1,13**

Das zweite Wort

Erinnert euch an die Pracht des alten Tempels! Serubbabel und Jeschua werden ermutigt, den Wiederaufbau des Tempels anzupacken: »Sei stark, Serubbabel, sei stark, Jeschua, du Hoherpriester, sei stark, du ganzes Volk des Landes! Arbeitet! Denn ich bin mit euch«, spricht Gott. Gott selbst wird den Tempel wieder mit Glanz erfüllen.

Das dritte Wort

Aufrüttelnd und drohend ist dieses dritte Wort. Die Taten der Menschen können nicht besser, heiliger oder reiner sein als die Menschen selbst. Das Mühen und die Arbeit der Menschen wird vergeblich bleiben, wenn sie Gott nicht Raum in ihrem Leben geben. Dafür steht der Tempel als Ort, in dem Gott verehrt und angerufen werden kann. Wenn aber der Grundstein des Tempels gelegt sein wird, wird sich der Segen Gottes zeigen: die Menschen werden wieder mehr ernten können, so dass kein Hunger mehr sein wird.

Das vierte Wort

Es wendet sich an Serubbabel und spricht ihm messianische Eigenschaften zu: »*Siegelring Gottes*« 11 wird er genannt, und die »Throne der Königreiche« sollen vor dem Erwählten Gottes erzittern.

Dieses vierte Wort ist wie andere Prophetenworte auch in späterer Zeit als eine Weissagung auf einen kommenden Messias gedeutet worden. Den Messias zeichnet aus, dass er Gott so nahe ist wie niemand sonst (ein »Siegelring« ist persönlicher Besitz und gehört ausschließlich dem Besitzer) und dass er die ganze Welt mit Gerechtigkeit, Recht und Frieden regiert.

11 **Siegelring:** Siegel dienten bei der Übermittlung von Botschaften als »Absender« und zur Kennzeichnung von Besitz (z.B. auf Krügen). Das Siegel eines Königs unter einem Dokument brachte dessen Echtheit und die Gültigkeit des Geschriebenen zum Ausdruck. Als Siegelring oder als Rollsiegel an einem Band (wie ein Amulett getragen) konnte man sein Siegel wie einen Ausweis immer bei sich haben.

Wie soll es weitergehen in der alten, neuen Heimat? –

Der Prophet Sacharja

Nach vielen Jahren im Exil darf das Volk Israel in sein Land zurückkehren. Dort ist zwar noch alles zerstört, aber es herrscht Aufbruchstimmung unter den Heimgekehrten.

Sacharja mahnt die Israeliten: Vergesst nie die Zeit im Exil! Behaltet die Jahrzehnte im fernen Babylon stets im Gedächtnis – gerade jetzt, wenn ihr in Jerusalem neu beginnt. Sacharja ist durch Gottes Zusage fest davon überzeugt, dass das Volk in Jerusalem einen neuen Anfang haben wird. Und er hat klare Vorstellungen, wie die neue Gemeinde und ihr Heiligtum, der Tempel, aussehen werden. Denn Gott hat bereits alle Vorbereitungen getroffen, auch wenn das Volk noch nichts davon sieht.

Innerhalb einer Nacht des Jahres 519 v. Chr. empfängt Sacharja acht »*Nachtgesichte*«. Sie enthalten ein Programm für die Gestaltung der neuen nachexilischen Gemeinde.

1. Vier Reiter schwärmen aus. – Die Wende zum Guten kündigt sich an.
2. Vier Hörner und vier Schmiede. – Die Schmiede vernichten die Unterdrücker (vier Hörner) Israels.
3. Der Mann mit der Messschnur. – Er zeigt die Größe des neuen Landes.
4. Der Hohepriester Josua. – Er wird verklagt, aber gereinigt, neu eingesetzt und gekrönt.
5. Der Leuchter und die Ölbäume. – Der Leuchter wird mit dem Öl der Ölbäume versorgt.
6. Die fliegende Schriftrolle. – Sie enthält Flüche, die die Bösen im Lande treffen.
7. Die Frau in der Tonne. – Sie verkörpert die Bosheit, die »unschädlich« gemacht wird.
8. Die vier Wagen. – Das Gericht Gottes über die Völker der Erde wird angekündigt.

Alle Nachtgesichte werden von einem Deuteengel, einem Boten Gottes, erklärt.

Gott verfolgt durch diese Nachtgesichte ein Ziel: Sacharja soll seinem Volk mitteilen, dass es bereits im Anbruch des Reiches Gottes lebt, auch wenn es noch nichts davon merkt. – Er kündet dem Volk Heil an. In Zukunft kann das Volk in einem Reich des Friedens leben. Und ein *Messias* (▶▶ Seite 89) wird kommen:

»Du, Tochter Zion, freue dich sehr, und du, Tochter Jerusalem, jauchze! Siehe, dein König kommt zu dir, ein Gerechter und ein Helfer, arm und reitet auf einem Esel (siehe ▶▶ Seite 103)**, auf einem Füllen der Eselin.«** SACHARJA 9,9

Woran erkenne ich, dass Gott mich liebt? –

Der Prophet Maleachi

Im Buch Maleachi geht es um sehr konkrete Konflikte in der neuen Tempelgemeinde: es werden unreine Opfer dargebracht; es werden Mischehen geschlossen, d.h. Ehen zwischen jüdischen und nichtjüdischen Partnern; Frauen werden verstoßen und der *Zehnte* ❶ wird unterschlagen. Maleachi fordert im Namen Gottes die Reinhaltung des Kultes, das Verbot der Mischehen, die Ablehnung der Scheidung. Mit einer Mahnung zum Halten der Tora des Mose und der Ankündigung der Wiederkunft Elias schließt nicht nur dieses Buch, sondern das Zwölfprophetenbuch insgesamt.

❶ **Zehnter:** Jährliche Pflichtabgabe des »zehnten Teils« von Getreide-, Wein- und Olivenerträgen an den Tempel, von dem die Leviten und Hohenpriester bezahlt wurden.

Der Prophet Maleachi leidet, weil sein Volk immer ungläubiger wird. Die Menschen wenden sich von Gott ab. Sie bringen Gott nur noch minderwertige Opfer. Und die Priester sagen zu allem »Ja und Amen«.

Doch Maleachi hebt nicht den Zeigefinger. Er diskutiert mit dem Volk, das an wesentlichen Dingen des Glaubens nicht mehr festhält. In einem Streitgespräch versucht er, die Menschen wieder für Gott zu gewinnen. Der Prophet redet mit ihnen über die Fragen und Themen, die seinen Zeitgenossen auf den Nägeln brennen. So bringt er Gottes Wort unter die Leute!

Der Prophet Maleachi

Frage und Antwort

Das Volk wollte wissen und der Prophet erläuterte:

1. Woran erkenne ich, dass Gott mich liebt?
   Gott liebt sein Volk, aber seine Liebe ist nicht sichtbar.
2. Wodurch verachten die Priester Gott?
   Gott fordert, geehrt zu werden. Er will keine minderwertigen Gaben.
3. Warum sind viele von uns Gott gegenüber treulos?
   Viele aus dem Volk entheiligen, was Gott heilig ist:
   Sie heiraten heidnische Frauen oder lassen sich scheiden.
4. Warum nerven viele Gott?
   Gott will aufrichtigen Gehorsam und kein falsches Daherreden.
5. Warum sollen wir uns ändern?
   Gott ist beständig und hält seine Versprechen.
   Er garantiert fruchtbares Land, wenn das Volk seine Pflichten erfüllt.
6. Warum sollen wir Gott achten?
   Gott unterscheidet die Menschen nach gerechten und gottlosen
   Menschen. Sein Gericht über die gottlosen Menschen kommt mit Sicherheit.

Dass das Gericht kommt, ist für Maleachi ganz klar: Wer Gott verachtet, muss dieses Gericht fürchten. Für die Gerechten hat der Prophet dagegen die wunderbare Zusage Gottes:

▶ »Euch aber, die ihr meinen Namen fürchtet,
soll aufgehen die Sonne der Gerechtigkeit.« ◼ MALEACHI 3,20

Die Evangelien

Jesus hat viele Gesichter.
Sohn, Bruder und Lehrer.
Messias, Christus, Erlöser.
Wahrer Mensch
und wahrer Gott.

Die Evangelien

»Evangelium« ist griechisch und bedeutet übersetzt »gute Nachricht«, »Freudenbotschaft«.
Die ersten vier Bücher des Neuen Testaments werden so genannt, weil sie die Geschichte von Jesus erzählen:
die gute Nachricht, dass Gott seinen Sohn zur Welt kommen ließ, damit das Reich Gottes für alle beginnt.

Mit den Evangelien beginnt das Neue Testament. Sie erzählen vom Leben, Wirken, Heilen und Predigen von *Jesus Christus*, 🔊 aber auch von seinem Leiden, seiner Kreuzigung und seiner Auferstehung. Jesus wird in den Evangelien als Sohn des Zimmermanns Josef, als Sohn der Maria, aber auch als Sohn Gottes bezeichnet.

Es gibt vier Evangelien, die nach vier Evangelisten benannt sind: Matthäus, Markus, Lukas und Johannes. Das älteste Evangelium stammt von Markus. Sein Evangelium bildet die Grundlage für die Evangelien von Matthäus und Lukas, die jedoch noch eigene Erzählungen von Jesus, die sie aus ihren Gemeinden kannten, hinzugefügt haben. Da man die drei Evangelien sehr schön nebeneinander stellen kann (Zusammenschau = Synopse) nennt man sie die »synoptischen Evangelien«. Ein kleines Beispiel dafür bietet die Übersicht, die zeigt, welche Texte Matthäus und Lukas von Markus übernommen haben und was sie als eigene Erzählungen (Sondergut) hinzugefügt haben:

Matthäus	Markus	Lukas
Stammbaum Jesu von Adam an		Ankündigung der Geburt des Johannes
Die Weisen aus dem Morgenland		Ankündigung der Geburt Jesu
Der Kindermord von Bethlehem		Besuch Marias bei Elisabeth
Flucht nach Ägypten		Die Geburt Jesu
		Der zwölfjährige Jesus im Tempel
Taufe Jesu	Taufe Jesu	Taufe Jesu
		Stammbaum Jesu rückwärts
Versuchung in der Wüste	Versuchung in der Wüste	Versuchung in der Wüste
Jesus predigt vom Reich Gottes	Jesus predigt vom Reich Gottes	Jesus predigt vom Reich Gottes
Jesus beruft seine Jünger	Jesus beruft seine Jünger	Jesus beruft seine Jünger
Jesus heilt	Jesus heilt	Jesus heilt
Die Bergpredigt Kap 5–7		Die Feldrede Kap. 6
Jesus führt Streitgespräche	Jesus führt Streitgespräche, vor allem über den Sabbat	Jesus führt Streitgespräche
		Auferweckung eines jungen Mannes
Gleichnisse Jesu	Gleichnisse Jesu	Gleichnisse Jesu
Gleichnis vom gleichen Lohn 20		Gleichnis vom barmherzigen Samariter 10
Gleichnis von den zwei Söhnen 21		Gleichnis vom reichen Kornbauer 12
Gleichnis von den klugen Jungfrauen 25		Gleichnis vom verlorenen Sohn 15
Gleichnis vom Weltgericht 25		Gleichnis vom ungerechten Verwalter 16
		Gleichnis vom armen Lazarus 16
Rettung im Sturm	Rettung im Sturm	Rettung im Sturm
Totenauferweckung	Totenauferweckung	Totenauferweckung
Aussendung der Jünger	Aussendung der Jünger	Aussendung der Jünger
Speisung der 5000	Speisung der 5000	Speisung der 5000
Heilungswunder	Heilungswunder	Heilungswunder
Speisung der 4000		Heilung des Blinden von Jericho 18
Leidensankündigungen	Leidensankündigungen	Leidensankündigungen
Verklärung Jesu	Verklärung Jesu	Verklärung Jesu
Einzug in Jerusalem	Einzug in Jerusalem	Einzug in Jerusalem
Vertreibung der Händler	Vertreibung der Händler	Vertreibung der Händler
Reden über die Endzeit	Reden über die Endzeit	Reden über die Endzeit
Salbung in Bethanien	Salbung in Bethanien	Salbung in Bethanien
Das Abendmahl	Das Abendmahl	Das Abendmahl
Gefangennahme	Gefangennahme	Gefangennahme
Verhör und Todesurteil	Verhör und Todesurteil	Verhör und Todesurteil
Kreuzigung	Kreuzigung	Kreuzigung
Selbstmord des Judas		
Das leere Grab	Das leere Grab	Das leere Grab
Begegnung Jesu mit Frauen		Die Emmausjünger
Aussendung und Taufbefehl		Himmelfahrt

🔊 **Jesus Christus:** Während Jesus ein üblicher Vorname ist, bezeichnet Christus einen Hoheitstitel: Es ist die griechische Übersetzung des hebräischen Titels Messias: Die Juden erwarteten das Kommen eines Gottgesandten, der Gerechtigkeit und Unabhängigkeit von der römischen Besatzung wiederherstellen würde.

Das Evangelium nach Johannes unterscheidet sich von den »synoptischen« Evangelien. Es erzählt Beispiele von Jesu Heilungen und Wundern. Ihm liegt vor allem an den Reden Jesu und an dem Bekenntnis von Menschen zu Jesus als dem »Lamm Gottes, das die Sünden der Welt trägt«. Für Johannes ist Jesus der, der das Heil Gottes in die Welt gebracht hat und weiter durch seinen Geist, den heiligen Geist, zu uns bringt.

Ihr seid das Licht der Welt ... –
Das Evangelium nach Matthäus

Das Matthäusevangelium wurde ungefähr 80 bis 90 Jahre nach Christi Geburt geschrieben. Matthäus kennt das Evangelium nach Markus. Das kann man durch einen Vergleich der beiden Evangelien herausfinden. Einige Abschnitte lässt er weg, kürzt oder ergänzt sie. Seine gute Nachricht ist: Jesus Christus ist in die Welt gekommen, weil Gott alle liebt. Er weiß aber auch von einer Reihe weiterer Begebenheiten, die man damals von Jesus erzählt hat. Matthäus will deutlich machen: Die Geschichte Jesu ist für die Zukunft wichtig.

Matthäus beginnt sein Evangelium mit einem Stammbaum, der sich von Abraham bis zu Josef, dem Vater von Jesus, erstreckt. Die Verankerung Jesu in der Geschichte Israels wird so eindrucksvoll hervorgehoben. Die Geburtsgeschichte Jesu, die uns aus dem Evangelium nach Lukas als »Weihnachtsgeschichte« vertraut ist, erwähnt Matthäus nicht.

Aufregend ist die Flucht von Maria und Josef mit dem kleinen Jesus nach Ägypten und der Kindermord in Bethlehem. Gott sorgt dafür, dass Jesus nichts geschieht. Das berichtet auch die Erzählung von den Weisen aus dem Morgenland, die nach Bethlehem ziehen, um Jesus zu beschenken.

Später wird Jesus von Johannes mit dem Beinamen ›der Täufer‹ getauft. Nach seiner Taufe hörte man Gottes Stimme sagen: »Dies ist mein lieber Sohn, an dem ich Wohlgefallen habe.«

Das große Thema des Matthäusevangeliums lautet: Jesus lehrt und heilt.

Um Jesu Lehre bekannt zu machen, stellt Matthäus eine ganze Reihe von wichtigen Reden zusammen. Die bekannteste ist die Bergpredigt.

Die Bergpredigt

In der *Bergpredigt* sagt Jesus Folgendes:

> »Selig sind, die da geistlich arm sind; denn ihrer ist das Himmelreich.
> Selig sind, die da Leid tragen; denn sie sollen getröstet werden.
> Selig sind die Sanftmütigen; denn sie werden das Erdreich besitzen.
> Selig sind, die da hungert und dürstet nach der Gerechtigkeit; denn sie sollen satt werden.
> Selig sind die Barmherzigen; denn sie werden Barmherzigkeit erlangen.
> Selig sind, die reinen Herzens sind; denn sie werden Gott schauen.
> Selig sind die Friedfertigen; denn sie werden Gottes Kinder heißen.
> Selig sind, die um der Gerechtigkeit willen verfolgt werden; denn ihrer ist das Himmelreich ...« MATTHÄUS 5,3–10

Bergpredigt: Jesus »ging auf einen Berg ... und lehrte sie«, so kommt die Bergpredigt zu ihrem Namen. Sie ist die wichtigste Zusammenfassung der Lehre Jesu. Vom Gebot der Gottes- und Nächstenliebe bis zum Vaterunser ist darin vieles enthalten, was für den Glauben wichtig ist.

▶ Jesus macht in der Bergpredigt die Menschen stark und sagt ihnen zu:
»Ihr seid das Licht der Welt!« MATTHÄUS 5,14

Jesus lehrt die Menschen in der Bergpredigt das Beten. Beispielhaft deutlich wird dies im Vaterunser:

▶ »Vater unser im Himmel! Geheiligt werde dein Name. Dein Reich komme. Dein Wille geschehe, wie im Himmel, so auf Erden. Unser tägliches Brot gib uns heute. Und vergib uns unsere Schuld, wie auch wir vergeben unsern Schuldigern. Und führe uns nicht in Versuchung, sondern erlöse uns von dem Bösen.«
MATTHÄUS 6,9-13

Jesus betont in der Bergpredigt, wie wichtig das Alte Testament für die Menschen ist. So heißt es in der so genannten Goldenen Regel:
▶ »Alles nun, was ihr wollt, dass euch die Leute tun sollen, das tut ihnen auch! Das ist das Gesetz und die Propheten.« MATTHÄUS 7,12

Jesus heilt – an Leib und Seele

Matthäus erzählt viele Geschichten, in denen Jesus Menschen heilt. Das passt sehr gut zu Jesu Lehre. Die Frommen seiner Zeit regen sich sehr darüber auf, dass Jesus Sünden vergibt und heilt. Ihrer Meinung nach geschieht es den Menschen recht; sie denken, Gott straft sie für ihr Fehlverhalten mit Krankheit.

▶ »Sie brachten zu ihm einen Gelähmten, der lag auf einem Bett. Als Jesus ihren Glauben sah, sprach er zu dem Gelähmten: ›Sei getrost, mein Sohn, deine Sünden sind dir vergeben.‹ Und siehe, einige unter den Schriftgelehrten sprachen bei sich selbst: ›Dieser lästert Gott.‹ Als aber Jesus ihre Gedanken sah, sprach er: ›Warum denkt ihr so Böses in euren Herzen? Was ist denn leichter, zu sagen: Dir sind deine Sünden vergeben, oder zu sagen: Steh auf und geh umher‹? Damit ihr aber wisst, dass der Menschensohn Vollmacht hat, auf Erden Sünden zu vergeben – sprach er zu dem Gelähmten: ›Steh auf, hebe dein Bett auf und geh heim!‹ Und er stand auf und ging heim.«
MATTHÄUS 9,2-7

In den wunderbaren Heilungsgeschichten Jesu wird immer wieder deutlich, wie wichtig die Heilung des ganzen Menschen an Leib und Seele ist. Damit aber Menschen wirklich neu anfangen können, genügt Gesundheit allein nicht. Auch die Vergebung ihrer Schuld durch Jesus gehört als ein ganz zentraler Punkt dazu.

Jesus spricht in Gleichnissen

Matthäus hat auch eine ganze Reihe von *Gleichnissen* (▶ Seite 94) Jesu gesammelt. Dabei geht es um Vergleiche, mit denen Jesus deutlich macht, was es mit Gottes neuer Welt, die kommen wird, auf sich hat.

▶ **»Das Himmelreich gleicht einem Senfkorn, das ein Mensch nahm und auf seinen Acker säte; das ist das kleinste unter allen Samenkörnern; wenn es aber gewachsen ist, so ist es größer als alle Kräuter und wird ein Baum, sodass die Vögel unter dem Himmel kommen und wohnen in seinen Zweigen.«** MATTHÄUS 13,31-32

Im Matthäusevangelium gibt es immer wieder Abschnitte, in denen Jesus die Menschen ermahnt. Diese Ermahnungen sind wichtig, denn es wird sehr klar, dass es am Ende der Zeiten ein Gericht geben wird. Ausschlaggebend für das Urteil ist, wie die Menschen sich in ihrem irdischen Leben verhalten haben.

Und so wird der Richter zu den Hilfsbereiten sprechen:
▶ **»Kommt her, ihr Gesegneten meines Vaters, ererbt das Reich, das euch bereitet ist von Anbeginn der Welt! Denn ich bin hungrig gewesen und ihr habt mir zu essen gegeben. Ich bin durstig gewesen und ihr habt mir zu trinken gegeben. Ich bin ein Fremder gewesen und ihr habt mich aufgenommen. Ich bin nackt gewesen und ihr habt mich gekleidet. Ich bin krank gewesen und ihr habt mich besucht. Ich bin im Gefängnis gewesen und ihr seid zu mir gekommen. ... Wahrlich, ich sage euch: Was ihr getan habt einem von diesen meinen geringsten Brüdern, das habt ihr mir getan.«** MATTHÄUS 25,34-36.40

Den anderen wird ebenso deutlich gemacht, was sie nicht getan und wie sie sich damit schuldig gemacht haben.

Jesus vergleicht das Himmelreich mit einem Senfkorn als Beispiel für einen kleinen Samen, aus dem ein großer Baum werden kann. So wie aus einer kleinen Nuss ein mächtiger Baum wachsen kann, der Menschen Schatten spendet und Tieren Lebensraum gibt. Gott kann aus etwas Kleinem etwas ganz Großes machen!

Das Evangelium nach Matthäus

Innenraum der Synagoge in Kapernaum aus dem 4. Jahrhundert. Vermutlich wurde dieses Gebäude auf den Grundmauern der Synagoge errichtet, in der Jesus lehrte. In den Ruinen dieser Synagoge fand man die bisher älteste Darstellung eines Davidsterns.

Zu denen wird er sprechen:

▶ »Geht weg von mir, ihr Verfluchten, in das ewige Feuer, das bereitet ist dem Teufel und seinen Engeln! Denn ich bin hungrig gewesen und ihr habt mir nicht zu essen gegeben. Ich bin durstig gewesen und ihr habt mir nicht zu trinken gegeben. Ich bin ein Fremder gewesen und ihr habt mich nicht aufgenommen. Ich bin nackt gewesen und ihr habt mich nicht gekleidet. Ich bin krank und im Gefängnis gewesen und ihr habt mich nicht besucht. … Wahrlich, ich sage euch: Was ihr nicht getan habt einem von diesen Geringsten, das habt ihr mir auch nicht getan.
Und sie werden hingehen: diese zur ewigen Strafe, aber die Gerechten in das ewige Leben.« ◻ MATTHÄUS 25,41-43.45-46

Aus Jesu Ermahnungen ergeben sich Konsequenzen für unser Leben und unseren Umgang mit den Schwächsten!

Jesu Tod und Auferstehung

Die religiösen Führer zur Zeit Jesu sehen ihren Glauben durch Jesu Reden und Handeln bedroht. Durch den Verrat von Judas, einem seiner Jünger, wird Jesus verhaftet. Er wird der Gotteslästerung beschuldigt. Auf diese Anklage steht die Todesstrafe. Die können jedoch nur die Römer als die politisch verantwortlichen Machthaber verhängen. So kommt es zu einem Verhör vor dem römischen Statthalter Pilatus, zu Jesu Verurteilung und Hinrichtung. Aber Gott bekennt sich zu Jesus. Nach seinem Leiden und Sterben wird er auferweckt. Gott sagt damit zu Jesu Worten und Taten ein für alle Mal: Ja.

▶ »Mir ist gegeben alle Gewalt im Himmel und auf Erden. Darum gehet hin und machet zu Jüngern alle Völker: *Taufet* ⏸ sie auf den Namen des Vaters und des Sohnes und des Heiligen Geistes und lehret sie halten alles, was ich euch befohlen habe. Und siehe, ich bin bei euch alle Tage bis an der Welt Ende.« ◻ MATTHÄUS 28,18-20

⏸ Diese Worte am Ende des Matthäusevangeliums begründen unsere Taufpraxis.

Das Reich Gottes ist da –

Das Evangelium nach Markus

Das Markusevangelium ist vermutlich die erste zusammenhängende Geschichte des Lebens und Wirkens von Jesus. Zuerst haben die Jesus-Freunde weitererzählt, was sie mit Jesus erlebt hatten. Später hat einer die Geschichten und Worte von Jesus gesammelt und aufgeschrieben. Wir nennen ihn den Evangelisten Markus. Er hat das, was ihm an Material vorlag, nach verschiedenen Themen und Orten gegliedert. Alles läuft darauf zu, dass Jesus für uns hat leiden und sterben müssen und dass er auferstanden ist.

Der Anfang vom Reich Gottes

Jesus ist der Sohn Gottes. Weil er in die Welt gekommen ist, hat das Reich Gottes unter uns angefangen. Das ist das »Evangelium«, die Freudenbotschaft, die gute Nachricht für alle Menschen. »*Die Zeit ist erfüllt: Das Reich Gottes ist gekommen!*« sagt *Johannes der Täufer* ▶. »*Kehrt um zu Gott.*«

Johannes tauft Jesus. Bei der Taufe sagt eine Stimme vom Himmel: »Du bist mein lieber Sohn. Ich mag dich.« Das sollen die Menschen erkennen in den Aktionen und Worten von Jesus: Jesus ist Gottes Sohn. In ihm begegnet Gott den Menschen.

▶ Johannes der Täufer: Prophetischer Prediger zur Zeit Jesu, der sich als letzter Bote vor dem kommenden Gericht verstand. Er lebte zurückgezogen in der Wüste, rief zur Buße (Umkehr) und Taufe auf und kündigte das Auftreten von Jesus an. Die Bibel erzählt, Johannes habe Jesus im Jordan getauft.

Jesus wirkt in Galiläa am See Genezareth

Zu Beginn seiner Wanderung durch Israel wählt sich Jesus Mitarbeiter und Schüler aus, die ihn begleiten sollen: die *Jünger* ▶. Es sind meist einfache Menschen. Unter ihnen sind Fischer wie Petrus, der Zöllner Matthäus, auch Judas, der Jesus später an seine Feinde verrät. Sie sollen mit ihm »Menschen fischen«, das heißt Menschen für das Reich Gottes gewinnen.

▶ Jünger: Zu Beginn seines öffentlichen Auftretens wählt Jesus zwölf Jünger aus, die ihn bis zum Tod – und darüber hinaus – ständig begleiten. Jesus hatte jedoch viel mehr Jüngerinnen und Jünger, die ihm »nachfolgten« im wörtlichen und im übertragenen Sinne.

Was Jesus sagt, geschieht

Jesus hat Macht von Gott, um Menschen zu heilen – ihren Körper und ihre Seele. Wo Jesus Menschen heil macht, da ist das Reich Gottes spürbar. Aber nicht alle verstehen das. Manche machen Jesus Vorwürfe: »Du hast am Sabbat als Arzt gearbeitet. Am Sabbat darf man doch nicht arbeiten! Du verstößt gegen Gottes Gebote.« Aber Jesus sagt: »Die Gebote Gottes sind für die Menschen da, nicht die Menschen für die Gebote.«

Jesus erzählt in Gleichnissen von Gott und tut Wunder

Wenn Jesus von Gott erzählt, dann spricht er in Bildern und erzählt *Gleichnisse* ▶. Geschichten, wie sie im Alltag passieren können. Aber nicht alle verstehen die Bilder und Gleichnisse. Manche sagen: »Der spinnt!« Andere: »Der steht mit dem Teufel im Bund. Er hat seine Macht vom Teufel.« Aber Jesus sagt: »Das ist Unsinn: Mit dem Teufel das Böse austreiben, das geht nicht. Ich heile durch Gottes Geist. Ihr beschimpft den guten Geist Gottes!«

▶ Gleichnis: Bildliche Redeweise, die durch Vergleich, Beispiel, Sprichwort oder Erzählung das Verstehen unterstützen. Jesus verwendete zahlreiche Gleichnisse in seiner Verkündigung.

Das Evangelium nach Markus

Jesus gibt den Jüngern Macht

Jesus schickt seine Jünger los. Sie sollen in seinem Namen und in seinem Auftrag das Reich Gottes zu den Menschen bringen. Sie sollen Leben heil machen und von Gottes Liebe erzählen. Die Jünger ziehen umher, wie ihnen Jesus aufgetragen hat. Sie wollen die Menschen gesund machen und sie auffordern, zu Gott umzukehren. Das ist gefährlich, weil es die Machenschaften der Mächtigen stört. Johannes der Täufer ist dafür hingerichtet worden.
Die Jünger kommen wieder zu Jesus und erzählen ihm, was sie getan haben. Dann ziehen sie weiter mit Jesus und staunen über die Wunder, die Jesus tut, indem er viele Menschen satt macht oder indem er Kranke heilt.

Die Jünger verstehen Jesus nicht

Aber sogar die Jünger verstehen nicht, dass mit dem Reden und Tun von Jesus das Reich Gottes bei ihnen schon angefangen hat. Jesus sagt: »Ja, begreift ihr es immer noch nicht? Seid ihr denn blind?«
Da bringt man einen blinden Mann zu Jesus. Und Jesus macht ihn sehend. Nur Gott kann machen, dass blinde Menschen wieder sehen können. Nur Gott kann machen, dass den Menschen die Augen geöffnet werden für Jesus.
Unterwegs fragt Jesus die Jünger: »Was reden denn die Leute über mich? Für wen oder was halten sie mich?« »Für den wieder lebendig gewordenen Johannes den Täufer.« »Für den wiedergekommenen Propheten *Elia* (▶▶ Seite 33–34).« »Für einen Propheten«, sagen die Jünger. »Und ihr?« fragt Jesus. Da antwortet Petrus: »Du bist der *Christus*!« ⏸
Aber Jesus sagt, sie sollen es noch nicht weitererzählen.

Dieser Felsen am See Genezareth wird »Mensa Christi« (Tisch Christi) genannt, weil Jesus hier Fische zum Frühstück für seine Jünger zubereitet haben soll.

⏸ **Christus:**
Griechisches Wort für »Gesalbter«, »Messias«. Christen bekennen, dass in Jesus von Nazareth der Christus auf die Erde gekommen ist. Juden hingegen verneinen, dass Jesus von Nazareth als Christus (Messias) anzusehen ist.

Jesus war ein Rabbi, ein Lehrer.

⏸ **Menschensohn:** Jesus redete von sich selbst in der dritten Person als »Menschensohn«. Die Bibelkundigen seiner Zeit konnten damit eine Anspielung verbinden: Im Danielbuch wird mit diesem Begriff eine Heilsgestalt bezeichnet, die Gott aus dem Himmel senden werde.

Dem Ende entgegen

Jesus und die Jünger wandern nach Jerusalem. Jesus weiß, was ihn dort erwartet. Die Jünger sollen es auch wissen. Jesus sagt: »Ich werde leiden, sterben und auferstehen. Die Machthaber der Juden werden mich zum Tod verurteilen. Die Menschen werden wollen, dass ich sterbe. Die Heiden, die Römer, werden mich hinrichten.« Die Jünger können es nicht verstehen. Sie wollen nicht, dass Jesus stirbt. Aber Jesus sagt: ▶ **»Der Menschensohn ⏸ ist nicht gekommen, dass er sich dienen lasse, sondern dass er diene und sein Leben gebe als Lösegeld für viele.«** ⏹ MARKUS 10,45

Jesus geht es um den Willen Gottes.

In Jerusalem

Als Jesus in Jerusalem (⏪ Seite 30) ankommt, wird er von einer jubelnden Menschenmenge begrüßt. Sie erwarten alles von Jesus. Aber haben sie verstanden, wer und was Jesus ist? Als ihn einer fragt, »Welches ist das höchste Gebot?«, sagt Jesus: ▶ **»Du sollst den Herrn, deinen Gott, lieben von ganzem Herzen, von ganzer Seele, von ganzem Gemüt und von allen deinen Kräften«. Das andre ist dies: »Du sollst deinen Nächsten lieben wie dich selbst.«** ⏹
MARKUS 12,30-31

Wer so lebt, ist nicht weit weg vom Reich Gottes. Aber bis das Reich Gottes ganz da ist, wird es noch dauern, sagt Jesus. Und wenn das Reich Gottes kommen wird, so wird das sein wie bei einer Geburt. Die Geburtswehen werden sehr, sehr schmerzhaft sein. – Wann das sein wird? Nur Gott weiß es. Darum: Seid wachsam!

Das Bild oben zeigt ein Modell des historischen Jerusalem zur Zeit Jesu im Maßstab 1:50. Man bekommt einen Eindruck von der gewaltigen Größe des Tempels im Verhältnis zu den Wohnhäusern im Vordergrund. Heute steht auf dem Tempelberg der islamische Felsendom (Bild rechts).

Das Evangelium nach Markus

Der Garten Gethsemane ist auch heute noch zu besichtigen. Die uralten Ölbäume machen den Eindruck, als hätten sie zur Zeit Jesu schon dort gestanden.

Das Abendmahl

In Jerusalem bereitet Jesus seine Jünger auf das vor, was er schon längst angekündigt hat: dass er leiden und sterben, aber auch auferstehen werde. Nahe Jerusalem reibt ihn eine Frau mit duftendem Öl ein. Genau so, wie man damals einen lieben Menschen einbalsamiert hat, wenn er gestorben war. Das passiert zwei Tage vor dem Passafest. Am Vorabend dieses Festes sitzt Jesus mit seinen Jüngern beim Essen. ▶ **»Und als sie aßen, nahm Jesus das Brot, dankte und brach's und gab's ihnen und sprach: Nehmet; das ist mein Leib. Und er nahm den Kelch, dankte und gab ihnen den; und sie tranken alle daraus. Und er sprach zu ihnen: Das ist mein Blut des Bundes, das für viele vergossen wird.«** ■
MARKUS 14,22-24

Jesus wird gefangen und verurteilt

Es ist schon Nacht, da gehen sie in den Garten Gethsemane. Dort betet Jesus zu Gott: »Mein lieber Vater, du hast die Macht, mich vor dem Tod zu bewahren. Aber es soll geschehen, wie du es für richtig hältst.« Dann kommen Soldaten. Judas hat Jesus verraten. Man nimmt Jesus gefangen und führt ihn ab. Er wird vor die obersten Priester und Gelehrten der Juden gebracht. Noch in derselben Nacht sitzen sie über Jesus zu Gericht. Sie klagen ihn an: »Du tust, als wärst du Gott! Das darf kein Mensch. Bist du Christus, der Gesalbte Gottes, oder nicht?« Jesus sagt: »Ihr sagt es, ich bin es.« Da sagt der *Hohepriester* ⏸ : »Du lästerst Gott. Du setzt dich an seine Stelle! Du sprichst dein eigenes Urteil.« Und sie verprügeln Jesus.

⏸ **Hohepriester:** Der Hohepriester leitete den Kult (vgl. S. 17) im Tempel von Jerusalem. Als Einziger durfte er einmal im Jahr am Versöhnungstag das Allerheiligste im Tempel betreten.

Petrus verleugnet Jesus

Die Soldaten führen Jesus ab. Petrus folgt ihnen. Er drückt sich im Hof des Hauses herum, wo die Leute über Jesus zu Gericht sitzen. Da erkennt ihn jemand: »Du gehörst doch auch zu Jesus.« Aber Petrus streitet es ab: »Jesus? Kenne ich nicht!« Noch zweimal erkennt ihn jemand. Doch jedes Mal streitet Petrus es ab und verleugnet Jesus. Da kräht der Hahn. Petrus kommen die Tränen. Denn Jesus hatte ihm vorausgesagt, dass genau das passieren würde. Und er hatte es nicht glauben wollen.

Jesus leidet und stirbt am Kreuz

Am anderen Morgen führt man Jesus zu Pilatus, dem römischen Provinzverwalter. Er soll Jesus zum Tod verurteilen. Mächtige Leute unter den Juden hetzen das Volk gegen Jesus auf. Pilatus fürchtet einen Aufstand. Er hält Jesus für unschuldig. Trotzdem verurteilt er ihn.
Zusammen mit zwei Verbrechern wird Jesus gekreuzigt. Im Todeskampf am Kreuz schreit Jesus: ▶ **»Mein Gott, mein Gott, warum hast du mich verlassen?!«** ◼ MARKUS 15,34 Dann stirbt er mit einem lauten Schrei. Ein römischer Hauptmann, der unten am Kreuz steht, sagt: ▶ **»Dieser Mensch ist Gottes Sohn gewesen.«** ◼ MARKUS 15,39 Freunde legen den toten Jesus in ein Felsengrab.

Ostern – am dritten Tag auferstanden von den Toten

Nach drei Tagen, als der Sabbat vorbei ist, wollen Frauen nach dem Grab sehen und den Leichnam von Jesus einbalsamieren. Auf dem Weg überlegen sie, wie sie den großen und schweren Verschlussstein vom Grab wegwälzen können. Als sie am Grab ankommen, ist es offen. Jemand hat den Stein schon weggerollt. Doch das Grab ist leer. Sie erschrecken. Da spricht jemand zu ihnen: ▶ **»Keine Angst! Ihr sucht Jesus. Er ist nicht hier. Er ist auferstanden von den Toten und lebt. So wie er euch gesagt hat. Geht schnell hin und erzählt es seinen Freunden, den Jüngern. Er wird sich euch in Galiläa zeigen.«** ◼ MARKUS 16,6-7
Da gehen die Frauen schnell wieder weg. Und sie sagen niemandem etwas, denn sie haben Angst. Später erscheint der auferstandene Jesus seinen Freunden. Und er gibt ihnen den Auftrag, das Evangelium weiterzusagen an alle Menschen in der ganzen Welt.

Diese Grabkammer sieht dem Felsengrab ähnlich, in das Jesus nach der Kreuzigung gelegt wurde.

Gott hat eine Schwäche für die Schwachen –

Das Evangelium nach Lukas

Auch Lukas hat ein Evangelium geschrieben. Er ist nicht der Erste. Viele haben schon die Geschichte von Jesus erzählt. Lukas möchte aber alles ganz genau wiedergeben, damit sein Freund Theophilus und andere lesen können, *dass es stimmt,* was über Jesus gesagt wird.

Johannes und Jesus

Johannes und Jesus haben viel gemeinsam. Das zeigt sich schon vor ihrer Geburt. Ihre Mütter, Maria und Elisabeth, werden schwanger, obwohl das nach menschlicher Erfahrung eigentlich unmöglich ist. Auch die Umstände ihrer Geburten sind zum Staunen. Doch Johannes ist nur ein Wegweiser auf Jesus hin. Johannes sagt über Jesus: »Ich bin nicht einmal wert, ihm die Schuhe auszuziehen«.
Jesus sagt über Johannes: »Er ist der bedeutendste Mensch, der bisher geboren wurde. Er ist der Bote, der sagt, dass Gott kommt.«

Dies ist die Stelle in Bethlehem, an der nach der Überlieferung die Krippe stand.
Der Stern steht als Symbol für den Stern von Bethlehem.

Wer ist Jesus?

Das erzählt uns Lukas schon mit der Geschichte von der Geburt Jesu. Wir kennen sie als Weihnachtsgeschichte:
Maria ist mit Josef verlobt, als ihr der Engel Gabriel erscheint. Er sagt: Du bist von allen Frauen ausgewählt worden. Du wirst einen Sohn bekommen, der Gottes Sohn genannt werden wird. Maria erschrickt, weil sie noch nie mit einem Mann geschlafen hat. Maria wird schwanger, und als die Zeit der Geburt naht, reist sie mit Josef nach Bethlehem. Kaiser Augustus hat eine Volkszählung angeordnet und deshalb muss jeder in Israel in seine Geburtsstadt, um sich eintragen zu lassen. Josef und Maria finden keine Herberge, deshalb müssen die zwei in einem Stall übernachten. Dort bringt Maria Jesus zur Welt. Ausgerechnet in *Bethlehem* (S. 27, 28, 79) – aus diesem Ort soll nach der Botschaft der Propheten der Heiland für die Menschen kommen.
Nicht weit davon entfernt sind Hirten bei ihren Schafen auf dem Feld. Ihnen erscheint ein Engel, der ihnen verkündet, dass der Heiland, der Retter der Welt, geboren ist. Die Hirten eilen zu dem Stall und finden Josef und Maria und Jesus.

Für einen jüdischen Jungen ist es ein großer Tag, wenn er in die Gemeinde eingeführt wird und zum ersten Mal aus der Tora vorlesen darf.

Jesus ist ein außergewöhnliches Kind

Mit zwölf Jahren begleitet Jesus seine Eltern zum Passafest nach Jerusalem. Als das Fest vorbei ist, gehen seine Eltern nach Hause. Jesus bleibt in Jerusalem. Seine Eltern merken es nicht. Sie denken, er sei bei Bekannten. Am Abend suchen sie ihn und können ihn nicht finden. Da gehen sie

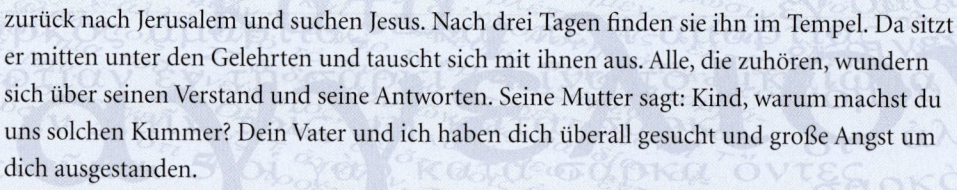

zurück nach Jerusalem und suchen Jesus. Nach drei Tagen finden sie ihn im Tempel. Da sitzt er mitten unter den Gelehrten und tauscht sich mit ihnen aus. Alle, die zuhören, wundern sich über seinen Verstand und seine Antworten. Seine Mutter sagt: Kind, warum machst du uns solchen Kummer? Dein Vater und ich haben dich überall gesucht und große Angst um dich ausgestanden.
Jesus antwortet: Warum habt ihr mich denn gesucht? Habt ihr nicht gewusst, dass ich im Haus meines Vaters sein muss? Aber sie verstehen nicht, was er damit meint.

Jesus predigt und handelt mit Vollmacht

Als Sohn Gottes hat Jesus Macht. Er widersteht den Versuchungen des Teufels in der Wüste. Er kann Dämonen austreiben, er heilt Kranke, und sogar Tote kann er zum Leben erwecken. Zöllnern und Huren wendet er sich zu und vergibt ihnen ihre Sünden.

Einer dieser Zöllner ist Zachäus. Er ist reich. Er möchte gern Jesus sehen, aber er kann es nicht, denn er ist klein, und die Menschenmenge vor ihm lässt ihn nicht durch. Da klettert er auf einen Maulbeerbaum, um besser sehen zu können. Als Jesus kommt, sieht er Zachäus und sagt zu ihm: »Steig herunter, denn heute muss ich bei dir zu Gast sein.« Zachäus klettert schnell vom Baum und freut sich. Als die Leute das sehen, ärgern sie sich und sagen: »Bei Sündern kehrt er ein.« Zachäus aber verspricht Jesus: »Die Hälfte von meinem Besitz gebe ich den Armen, und wenn ich jemanden betrogen habe, gebe ich es vierfach zurück.«
Jesus sagt: »Heute bist du und dein Haus gerettet worden.« *(Lukas 19,1–10)*

Als Erwachsener wird Jesus von Johannes getauft. Da sagt Gott zu ihm: »Du bist mein geliebter Sohn, an dir habe ich Freude.«

Blick in die Wüste Judäa, zum Toten Meer hin.

Die Menschen fragen Jesus: Wer bist du?

Jesus sagt: »Ihr seht doch, was geschieht. Mit mir fängt das Reich Gottes an. Blinde sehen, Lahme gehen, Aussätzige werden rein, Taube hören, Tote stehen auf und es gibt eine gute Nachricht für Arme.« Dabei spielt Jesus auf ein Prophetenwort an, das seine Gesprächspartner sicher kennen (Jesaja 61,1). Jesus kümmert sich besonders um die Schwachen und Benachteiligten seiner Zeit. Um die Sünder, die Kranken, um Frauen und Kinder.
Petrus sagt: Du bist der *Messias* (◀◀ Seite 95), der Retter, den uns Gott geschickt hat. Aber Jesus will nicht, dass Petrus das weitererzählt. Dieser Retter ist kein Held. Er muss leiden und wird sogar getötet werden.

Streit um Jesus

Mit Jesus wird alles anders. Seine Jünger und Jüngerinnen halten sich nicht an die Fastentage. Jesus meint: »Wer fastet denn schon bei einer Hochzeitsfeier, solange der Bräutigam mit am Tisch sitzt? Wenn ich nicht mehr bei meinen Jüngern bin, dann werden sie fasten.« Er streitet mit *Pharisäern* ⏸ wegen des wöchentlichen Ruhetages, dem Sabbat. Die Pharisäer meinen es ernst mit ihrem Glauben: Gottes Gebote muss man halten.
Jesus sagt dagegen: Arbeit, die dem Leben dient, ist am Sabbat erlaubt.
Manche ärgern sich, dass Jesus mit dem Gesindel, den Zöllnern, isst. Jesus meint dazu: Im Himmel freut man sich mehr über einen verlorenen Sünder, der bereut, als über 99, die das nicht nötig haben.

⏸ **Pharisäer:**
Religiöse Gruppe innerhalb des Judentums zur Zeit Jesu, die ihren Glauben besonders ernst nahm und sich durch genaue Bibelkenntnis und das penible Einhalten der Gebote auszeichnete.

Jesus verdeutlicht, was er sagt, gerne mit Geschichten. Eine davon ist die Geschichte vom »verlorenen Sohn«.

Der verlorene Sohn

»Ein Mensch hatte zwei Söhne: Der jüngere sagte zu seinem Vater: Gib mir mein Erbe. Da teilte der Vater das Erbe unter den Söhnen auf. Kurze Zeit später ging der jüngere Sohn fort und brachte sein Erbe durch. Als er alles verbraucht hatte, kam eine Hungersnot in jenes Land. So hatte er Hunger. Da hütete er bei einem Bauern die Schweine. Er hätte gerne das Schweinefutter gegessen, aber niemand gab es ihm. Da überlegte er und sagte: Wie viele Arbeiter hat mein Vater, und keiner leidet Hunger. Ich will wieder heimgehen und zu meinem Vater sagen: Ich habe Unrecht getan. Ich bin nicht mehr wert, dein Sohn zu sein. Lass mich einer deiner Arbeiter sein. Und er machte sich auf und kam zu seinem Vater. Aber als er noch weit weg war, sah ihn schon sein Vater und er hatte Mitleid mit ihm und er lief zu ihm, fiel ihm um den Hals und küsste ihn. Er gab ihm ein neues Gewand und einen Ring. Dann befahl er seinen Knechten, ein Kalb zu schlachten und ein Fest vorzubereiten. Er sagte: Mein Sohn war tot und ist wieder lebendig geworden. Er war verloren und ist gefunden worden. Der ältere Sohn war auf dem Feld. Als er das Fest sah, das seinem Bruder zu Ehren gefeiert wurde, ärgerte er sich. Er sagte: Ich habe so viele Jahre für dich gearbeitet und nie habe ich einen Festbraten für mich und meine Freunde bekommen. Der da bringt alles durch und für ihn schlachtest du das Mastkalb. Der Vater aber sagte: Du bist doch immer bei mir. Alles, was mir gehört, gehört auch dir. Freue dich doch: Dein Bruder war tot und ist wieder lebendig geworden. Er war verloren und wurde wiedergefunden.«
(Lukas 15,11–32)

Was ist das Reich Gottes?

Jesus erzählt in Bildern und alltäglichen Geschichten vom Reich Gottes. Er sagt zum Beispiel:
- *Gottes neue Welt ist wie Sauerteig. Er kann einen halben Zentner Mehl aufgehen lassen.*
- *Gottes Reich wächst, wie wenn ein Sämann aufs Feld geht und sät. Ein Teil der Saat fällt auf den Weg und wird von den Vögeln gefressen. Ein Teil fällt unter die Dornen und wird erstickt. Ein Teil fällt auf den Fels und verdorrt. Aber der Teil, der auf gutes Land fällt, der geht auf und trägt hundertfach Frucht.*
- *Das Reich Gottes ist wie ein ungewöhnliches Fest. Wenn die geladenen Gäste nicht kommen, werden die Bettler und Obdachlosen eingeladen.*
- *Verhaltet euch so: Liebt eure Mitmenschen wie euch selbst. Liebt sogar eure Feinde. Antwortet nicht mit Gewalt auf Gewalt. Seid zu den Leuten so, wie ihr auch behandelt werden wollt.*
- *Richtet nicht über eure Mitmenschen und vergebt anderen. Versucht die Liebe Gottes in eurem Verhalten gegenüber anderen Menschen widerzuspiegeln.*
- *Jesus sagt zu den Jüngern: Kommt wie Kinder zu Gott und habt Vertrauen. Dann wird euch das Reich Gottes gehören.*
- *Euer Glaube muss nicht groß sein. Selbst wenn er so klein wie ein Senfkorn ist, könnt ihr damit Bäume ausreißen.*

Gott lädt auch die Bettler und Obdachlosen in sein Reich ein! Für ihn zählt nicht, was ein Mensch leistet oder darstellt – er schaut ins Herz.

Das Evangelium nach Lukas

Auch dazu gibt es eine Geschichte:

Der barmherzige Samariter

Es war ein Mensch, der ging von Jerusalem hinab nach Jericho und fiel unter die Räuber; die zogen ihn aus und schlugen ihn und machten sich davon und ließen ihn halb tot liegen. Es traf sich aber, dass ein Priester dieselbe Straße hinabzog; und als er ihn sah, ging er vorüber. Desgleichen auch ein Levit: Als er zu der Stelle kam und ihn sah, ging er vorüber. Ein *Samariter* aber, der auf der Reise war, kam dahin; und als er ihn sah, jammerte er ihn; und er ging zu ihm, goss Öl und Wein auf seine Wunden und verband sie ihm, hob ihn auf sein Tier und brachte ihn in eine Herberge und pflegte ihn. Am nächsten Tag zog er zwei Silbergroschen heraus, gab sie dem Wirt und sprach: Pflege ihn; und wenn du mehr ausgibst, will ich dir's bezahlen, wenn ich wiederkomme.« (Lukas 10,30–35)

> **Samariter:** Menschen aus Samaria waren in Israel nicht gut angesehen. Weil sie ein eigenes Heiligtum in Samaria hatten und Gott nicht im Tempel in Jerusalem verehrten, galten sie nicht als rechtgläubige Juden.

Die »Feldrede«

Auf freiem Feld hält Jesus eine Rede (vgl. die Bergpredigt, S. 90). Er hat gute Nachrichten für Arme und Verzweifelte. Die Verhältnisse werden auf den Kopf gestellt:

»Selig seid ihr Armen; denn das Reich Gottes ist euer.
Selig seid ihr, die ihr jetzt hungert und dürstet, denn ihr sollt satt werden.
Selig seid ihr, die ihr jetzt weint; denn ihr werdet lachen.
Selig seid ihr, wenn euch die Menschen hassen und euch ausstoßen und schmähen und verwerfen euren Namen als böse um des Menschensohnes willen.
Euer Elend wird bald zu Ende sein und dann werdet ihr jubeln vor Freude.
Euch wird das Reich Gottes gehören.
Aber Weh euch Reichen! Denn ihr habt euren Trost schon gehabt.
Weh euch, die ihr jetzt satt seid, denn ihr werdet hungern!
Weh euch, die ihr jetzt lacht! Denn ihr werdet weinen und klagen.
Weh euch, wenn euch jedermann wohl redet! Denn das gleiche haben ihre Väter den falschen Propheten getan.« **LUKAS 6,20–26**

»Selig sind die Friedfertigen ...«: immer wieder gibt es friedfertige Menschen mit Mut, die sich gewaltfrei der Gewalt entgegenstellen.

Jesus in Jerusalem

Jesus zieht auf einem *Esel* (Seite 85). in Jerusalem ein. Seine Jünger singen voll Freude: Gepriesen sei, der da kommt, der König im Namen des Herrn. Die Freude ist aber nur von kurzer Dauer. Denn Judas, einer der Jünger, verrät Jesus an die Hohenpriester. Jesus feiert mit seinen Jüngern das *Passafest* (Seite 13). Dabei nimmt er das Brot, dankt Gott dafür, bricht es und sagt: **»Das ist mein Leib, der für euch gegeben wird; das tut zu meinem Gedächtnis.«** **LUKAS 22,19** Nach dem Essen nimmt Jesus einen Becher Wein und spricht zu den Jüngern: **»Dieser Kelch ist der neue Bund in meinem Blut, das für euch vergossen wird.«** **LUKAS 22,20** Mit diesen Worten feiern wir auch heute noch bei jedem Abendmahl die Gemeinschaft mit Jesus.
Nach dem Passaessen geht Jesus in den Garten Gethsemane, um zu beten. Er hat Angst, denn er weiß, dass er sterben muss. Er hätte gerne gehabt, dass seine Jünger bei ihm bleiben und

> **Passa:** Jüdisches Fest zur Erinnerung an den Auszug aus Ägypten. Jesus zog zum Passafest nach Jerusalem und wurde in dieser Zeit gekreuzigt. Kennzeichen sind u.a. das Opfer eines Passalamms als Erinnerung an die Verschonung Israels vor den Plagen in Ägypten und die ungesäuerten Brote in Erinnerung daran, dass der Auszug (Exodus) in aller Eile geschah.

ihn trösten. Aber sie schlafen alle. So ist Jesus allein in dieser Nacht. Noch im Garten wird Jesus von römischen Soldaten verhaftet. Petrus möchte für ihn kämpfen und schlägt einem Knecht des Hohenpriesters ein Ohr ab. Jesus hindert Petrus daran, weiterzukämpfen, und heilt das Ohr.

Petrus verleugnet Jesus

Aber bald verlässt Petrus der Mut. Er steht im Hof des Hauses des Hohenpriesters am Feuer, als eine Magd ihn anspricht: »Du gehörst doch auch zu diesem Jesus.« Petrus streitet ab, Jesus zu kennen. Dreimal verleugnet er ihn. Da hört er einen Hahn krähen, und ihm fällt wieder ein, dass Jesus zu ihm gesagt hatte: Noch ehe der Hahn kräht, wirst du mich dreimal verleugnen.

Jesus wird verhört und verurteilt

Jesus wird vor den *Hohen Rat* ⏸ geführt. Sie fragen ihn: Bist du der Sohn Gottes? Jesus sagt: Ihr sagt es, dass ich es bin. Danach bringt man Jesus vor Pilatus, den römischen Statthalter in Jerusalem. Er wird angeklagt, das Volk gegen die Römer aufzuhetzen. Auch Herodes, der König, befragt ihn. Jesus aber schweigt. Pilatus verurteilt Jesus schließlich zum Tode.

Die Kreuzigung

Jesus wird auf dem Berg Golgatha gekreuzigt. Eine Finsternis legt sich über das ganze Land, und der Vorhang des Tempels reißt entzwei. Jesus schreit laut: »*Vater, in deine Hände befehle ich meinen Geist.*« Dann stirbt er. Er wird im Grab von Josef von Arimathäa begraben.

Jesu Auferstehung

Am Sonntag früh gehen Maria aus Magdala und Johanna und Maria, die Mutter des Jakobus, an das Grab, um den Leib Jesu zu salben. Als sie zum Grab kommen, ist der Stein weggewälzt und der Leichnam Jesu ist fort. Darüber sind die Frauen sehr traurig. Da treten zwei Männer zu ihnen und sagen: »*Was sucht ihr den Lebenden bei den Toten? Er ist nicht hier, er ist auferstanden.*« Die Frauen gehen zurück und erzählen den anderen Jüngern, was sie erlebt haben.

Zwei weitere Jünger sind auf dem Weg nach Emmaus. Sie unterhalten sich darüber, was sie erlebt haben. Sie sind traurig und enttäuscht. Da schließt sich ihnen ein Dritter an. Er fragt, über was sie sich unterhalten. Die zwei Jünger erzählen ihm vom Tod Jesu und von ihrer Hoffnung, dass Jesus das Land Israel erlösen werde. Der Dritte erklärt ihnen, weshalb Jesus sterben musste. Als sie am Abend in Emmaus ankommen, bitten sie ihn: »*Herr, bleibe bei uns, denn es will Abend werden, und der Tag hat sich geneigt.*« Der Dritte bleibt und isst mit ihnen zu Abend. Als er das Dankgebet spricht, das Brot bricht und es ihnen gibt, da erkennen sie plötzlich: Das ist Jesus. Er ist auferstanden. Noch in der Nacht kehren sie nach Jerusalem zurück, um es den anderen Jüngern zu berichten.

⏸ **Hoherrat:** Oberste politische, religiöse und richterliche jüdische Behörde in Jerusalem. Er bestand aus 70 Mitgliedern und dem amtierenden Hohepriester. Zur Zeit Jesu durfte er keine Todesurteile fällen; dies war dem römischen Prokurator vorbehalten.

Der Mensch zwischen Licht und Finsternis –

Das Evangelium nach Johannes

Johannes geht bei der Gestaltung seines Evangeliums eigene Wege – im Vergleich zu Matthäus, Markus und Lukas:

- Nach seinem Evangelium ist Jesus drei Jahre öffentlich aufgetreten.
- Wichtige Schlüsselbegriffe stammen aus der Sprache der Philosophie. Aus seinen Erzählungen heraus bildet er abstrakte Begriffe, die das Jesus-Geschehen auch für philosophisch denkende Menschen zugänglich machen.

Den Anfang seines Evangeliums verlegt Johannes in den Himmel: »Im Anfang war das Wort, und das Wort war bei Gott.« – Was im Johannes-Evangelium dann folgt, lässt sich so zusammenfassen: **Jesus – von Gott gekommen und eins mit dem Vater.**

Um diese Botschaft weiterzusagen, werden die Taten und Worte Jesu erzählt. Dort, wo etwa Lukas die berühmte Weihnachtsgeschichte von der Geburt des Kindes im Stall von Bethlehem erzählt, redet Johannes vom selben Thema auf ganz andere Weise – und meint dasselbe: **Das Wort wurde Fleisch – Gott wird Mensch.**

Zu den Taten Jesu gehören vor allem die Wunder. Sie sollen belegen, dass Jesus der Sohn Gottes ist. Nur wer so innig mit Gott verbunden ist, so eng verwandt wie Vater und Sohn, kann solche Wunder tun: Wasser in Wein verwandeln oder einen Toten auferwecken, der seit vier Tagen im Grab liegt und schon anfängt zu stinken.

Oft folgen den Wundererzählungen des Johannes längere Reden Jesu, manchmal auch ein Gespräch mit seinen zahlreichen Zuhörern oder einem einzelnen Menschen. Diese Reden und Gespräche haben nur ein Ziel: Sie sollen den Unglauben der Menschen überwinden. Denn die Widerstände gegen Jesus sind groß: Nur wenige verstehen ihn, dauernd kommt es zu Missverständnissen. Zwei Beispiele:

Jesus spricht von der totalen Erneuerung des Menschen: »Wenn nicht jemand von neuem geboren wird, kann er das Reich Gottes nicht sehen.« *(Johannes 3,3)* Darauf fragt ihn sein Gesprächspartner: »Kann ich denn wieder in den Leib meiner Mutter gehen und geboren werden?« – Und bei der Begegnung zwischen Maria Magdalena und dem auferstandenen Jesus meint diese, sie wäre dem Gärtner begegnet.

Aber nicht nur diese Missverständnisse verhindern und behindern die Erkenntnis, dass Jesus der Christus ist. An vielen Stellen wird auch davon erzählt, dass es offenen Widerstand gegen Jesus gab: *»So entstand seinetwegen Zwietracht im Volk.«*

Das Evangelium nach Johannes

Das Auftreten Jesu nötigt die Menschen, sich zu entscheiden: für ihn oder gegen ihn. Und diese Entscheidung führt eben zu Spaltungen. Und so wie diese Entscheidung die Menschen in unterschiedliche Lager teilt, ist die ganze Welt von Gegensätzen durchzogen, zwischen denen sich der Einzelne zurechtfinden muss:

Licht und Finsternis; Geist und Fleisch; Jünger und Welt; sehend und blind.

Seit Jesus in die Welt gekommen ist, bietet er sich selbst als Orientierungspunkt bei diesen Gegensätzen an:

»Ich bin das Brot des Lebens.« *(Johannes 6,35)*
»Ich bin das Licht der Welt.« *(Johannes 8,12)*
»Ich bin die Tür.« *(Johannes 10,9)*
»Ich bin der gute Hirte.« *(Johannes 10,11)*
»Ich bin die Auferstehung und das Leben.« *(Johannes 11,25)*
»Ich bin der Weg und die Wahrheit und das Leben.« *(Johannes 14,6)*
»Ich bin der Weinstock.« *(Johannes 15,5)*

In seiner Gegenwart erscheint das, was in unserem Leben schief gelaufen ist, in einem neuen Licht: Verbunden mit Jesus wird unser Leben heil. Dazu hat Gott ihn gesandt.

Zu den eingangs erwähnten Besonderheiten des Johannesevangeliums gehört es auch, dass er Geschichten überliefert, die nur bei ihm zu finden sind. Zum Beispiel die berühmte Begegnung zwischen Jesus und der Ehebrecherin: Auf frischer Tat ertappt, wird eine Ehebrecherin zu Jesus gebracht. Nach dem Gesetz von damals soll sie gesteinigt werden. Wie wird Jesus entscheiden? – »Wer von euch ohne Schuld ist, der werfe den ersten Stein auf sie!«, lautet sein Urteil. Die Ankläger schleichen sich fort, einer nach dem anderen ...

Im Vergleich mit den anderen Evangelien bietet Johannes lange Abschnitte, in denen er mit den Erzählungen der anderen zumindest in den Grundzügen übereinstimmt, z.B. die Berichte über die »Speisung der Fünftausend«, vor allem aber die Kapitel über das *Leiden und Sterben Jesu* (◂◂ Seite 89).

Doch was wird sein, wenn Jesus nicht mehr bei seinen Jüngern ist? Diese Frage durchzieht jene Kapitel, die Johannes vor der Leidensgeschichte erzählt. Die Antwort lautet:

Jesus wird leiblich die Erde verlassen.

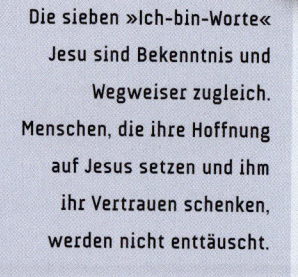

Die sieben »Ich-bin-Worte« Jesu sind Bekenntnis und Wegweiser zugleich. Menschen, die ihre Hoffnung auf Jesus setzen und ihm ihr Vertrauen schenken, werden nicht enttäuscht.

Aber er wird ihnen – und uns – bis an das Ende der Zeit einen Tröster senden, der bei ihnen – bei uns – bleibt. »*Als Jesus das geredet hatte, ging er mit seinen Jüngern hinaus*« – die Leidensgeschichte nimmt ihren Lauf!

Jesus leidet und stirbt

Besonders ausführlich erzählt Johannes das Verhör Jesu durch den römischen Statthalter Pilatus, das der Römer mit der berühmten Frage beendet: »*Was ist Wahrheit?*«

Während die Evangelisten Markus und Matthäus als letztes Wort Jesu am Kreuz den Schmerzensruf: »*Mein Gott, mein Gott, warum hast du mich verlassen?*« überliefern, lautet das letzte Wort bei Johannes: »*Es ist vollbracht.*« Bei Johannes stirbt Jesus nicht in Elend und Gottverlassenheit, sondern am Kreuz vollendet er seinen Auftrag als der von Gott gesandte Sohn.

Den Schlussteil des Johannesevangeliums durchzieht eine gewisse Rivalität zwischen dem Lieblingsjünger Jesu und Petrus, zum Beispiel bei ihrem »Wettlauf« zum leeren Grab.

Zu den oben genannten Gegensätzen gehört auch der zwischen Jesus und den Juden. Johannes erzählt mehrfach davon, die Juden hätten schon früh den Entschluss gefasst, Jesus zu töten. Schließlich hätten sie ihren Plan in die Tat umgesetzt.

Diese Sichtweise hat sich aus historischer Sicht als unhaltbar erwiesen – sich aber dennoch verheerend in der Geschichte ausgewirkt, in der die Juden oft als »Christusmörder« gebrandmarkt wurden. Dass diese Sicht nicht im Sinne des Johannes war, belegen andere Aussagen, beispielsweise das Wort Jesu: »*Das Heil kommt von den Juden.*«

Die Geschichte von der Ehebrecherin:
Jesus verurteilt die Tat und nicht die Täter. Bei ihm ist man nicht für alle Zeiten gebrandmarkt, wenn man etwas falsch gemacht hat, denn Jesus sieht immer zuerst den Menschen hinter der Tat.

Von Jerusalem in die ganze Welt –
Die Apostelgeschichte

Die Apostelgeschichte beginnt mit der Erzählung von der Himmelfahrt von Jesus Christus. Er bleibt nicht auf dieser Erde, er geht zurück zu Gott, von dem er kommt. Aber er sendet den Geist Gottes auf die Erde; dieser wirkt unter uns Menschen. Die Apostelgeschichte erzählt, wie durch das Wirken des Geistes, der an Pfingsten zu den Menschen kommt, die christliche Gemeinde entsteht, wie sie wächst und immer mehr Menschen erreicht. Durch geistbegabte Menschen, vor allem durch Petrus und Paulus, kommt die frohe Botschaft nach Europa. Wie dies geschah, erzählt die Apostelgeschichte in spannenden Geschichten.

Feuer und Flamme: Gottes Geist kommt zu den Jüngern

An Schawuot, dem jüdischen Pfingstfest, sind Gläubige aus der ganzen Welt nach Jerusalem gekommen. Auch die Jünger sind zusammen. Da geschieht etwas Wunderbares. Wie ein Wind kommt der Geist Gottes zu ihnen. Es sieht so aus, als würden über ihren Köpfen kleine Flammen leuchten. Jeder, der die *Jünger* (◀ Seite 94) hört, kann sie in seiner eigenen Sprache verstehen. Da hält Petrus eine Rede: Gott hat den als Verbrecher gekreuzigten Jesus vom Tod auferweckt. Er ist unser Retter. Deshalb ändert euer Leben. Lasst euch taufen, damit euch Gott eure Sünden vergibt und ihr den Heiligen Geist bekommt. Viele folgen der Einladung und lassen sich taufen: So entsteht die erste Gemeinde.

Wie Geschwister

Die Christen leben wie eine Familie zusammen: Sie feiern Abendmahl und beten miteinander. Sie besitzen alles gemeinsam und sie helfen einander. Wer Äcker oder Häuser besitzt, verkauft sie, damit von dem Geld die Armen leben können. Die Gemeinde wählt sieben Helfer, sie werden Diakone genannt. Sie sollen Lebensmittel an Bedürftige verteilen, damit die Jünger entlastet sind.

Gegner

Die Apostel können im Namen Jesu sogar Kranke heilen. Viele sind begeistert, aber die Gegner der Apostel sind empört. Sie wollen nicht, dass die Jünger die Auferstehung Jesu verkündigen. Petrus und Johannes werden vor Gericht gestellt und verwarnt.

Nun sind nicht nur die Römer, sondern auch die jüdischen Behörden Gegner der Christen. Trotzdem wächst die Gemeinde. Stephanus ist einer der sieben Diakone. Er ist ein Mann mit starkem Glauben. Er gerät in ein Streitgespräch mit Männern aus verschiedenen Gemeinden. Sie beschuldigen ihn, gegen den Tempel und das Gesetz zu predigen. Er wird verhaftet und vor den jüdischen Rat gebracht. Dort hält Stephanus eine Rede, in der er an die Geschichte Gottes mit dem Volk Israel von *Abraham* (⏪ Seite 7) bis zum *Tempelbau Salomos* (⏪ Seite 32) erinnert. Stephanus sagt: »Wie kann man Gott ein Haus bauen? Gott sagt durch den Propheten Jesaja: ›Der Himmel ist mein Thron und die Erde ein Schemel meiner Füße. Was ist denn das für ein Haus, das ihr mir bauen könntet?‹ (Jesaja 66,1–2).« Stephanus beendet seine Rede mit einer Publikumsbeschimpfung. Er wirft dem Volk vor, Gottes Gesetze nicht zu beachten. Die Mitglieder des jüdischen Rates geraten darüber in solche Wut, dass sie Stephanus steinigen. Christen werden jetzt in Jerusalem verfolgt. Sie fliehen in die Landbezirke. So breitet sich aber auch das Evangelium weiter aus.

Vom Christenverfolger zum Missionar: Aus Saulus wird Paulus

Ein besonders unerbittlicher Gegner der Christen ist Saulus. Er ist auch mit der Steinigung des Stephanus völlig einverstanden. Saulus ist auf dem Weg nach Damaskus. Er will dort die Christen aufspüren und sie nach Jerusalem bringen. Kurz vor dem Ziel wird Saulus durch ein helles Licht geblendet. Er hört eine Stimme, die sagt: »*Saul, Saul was verfolgst du mich?*« Paulus antwortet: »*Herr, wer bist du?*« Der sprach: »*Ich bin Jesus, den du verfolgst.*« Drei Tage lang kann Saulus nichts sehen. Jesus erscheint auch Hananias, einem Christen aus Damaskus. Er soll sich um Saulus kümmern. Hananias weigert sich zuerst. Er hat Angst vor diesem Christenverfolger. Doch Jesus sagt ihm: Geh nur hin, denn Saulus ist mein Werkzeug. Er soll meinen Namen unter den Heiden, bei Königen und im Volk Israel bekannt machen. Hananias geht zu Saulus, legt die Hände auf ihn und sagt: Lieber Bruder Saul! Jesus, der dir erschienen ist, hat mich gesandt, dass du wieder sehen kannst und mit dem Heiligen Geist erfüllt wirst. Da fällt es Saulus wie Schuppen von den Augen: Er kann wieder sehen. Er steht auf, lässt sich taufen und isst, um sich zu stärken. Von nun an verkündet er in den Synagogen, dass Jesus der Sohn Gottes ist. Christen, die ihn hören, sind misstrauisch: Ist das nicht der Mann, der in Jerusalem alle Christen vernichten wollte? Kam er nicht nach Damaskus, um uns zu verhaften? Aber jetzt macht Saulus sich die jüdische Gemeinde zum Gegner. Aus dem Verfolger wird ein Verfolgter: Nun soll Paulus getötet werden.

Petrus: Die gute Nachricht richtet sich auch an Nichtjuden

Petrus reist durchs Land. Dabei heilt er Menschen und weckt Tote im Namen Jesu auf. Davon hört Kornelius, ein römischer Hauptmann. Er schickt Boten zu Petrus. Gleichzeitig sieht Petrus etwas vor seinem inneren Auge: Ein Leintuch schwebt vom Himmel, voll mit den Tieren, die für Juden unrein sind (das heißt, sie gelten für ungenießbar). Dazu hört Petrus die Stimme Gottes, die sagt: Schlachte und iss. Petrus weigert sich. Darauf sagt die Stimme: Was Gott für rein erklärt, ist auch rein. Paulus versteht dieses Bild: Die frohe Botschaft gilt nicht nur für die Reinen (die Juden), sondern auch für Unreine (die Heiden).

Als die Boten kommen und Petrus in das Haus des Hauptmanns einladen, geht er mit, obwohl es für ihn als Jude verboten ist, das Haus eines Heiden zu betreten. Ab da werden auch Heiden in die Gemeinde aufgenommen – Gott liebt jeden Menschen, unabhängig von seiner Herkunft. Es entsteht eine Gemeinde in Antiochia (in der heutigen Türkei).

Gott öffnet Heiden die Tür

Paulus und Barnabas werden als Missionare ausgesandt. Ihre *Reise* (▶▶ Karte Seite 112f.) geht von Antiochia über Seleukia nach Zypern.
Von dort aus reisen sie mit dem Schiff nach Perge, Antiochia in Pisidien, Ikonion, Lystra und Derbe in Zilizien. Dabei zeigt sich Folgendes: Paulus und Barnabas predigen zwar in den Synagogen, gewinnen aber nicht bei den Juden, sondern vor allem unter den Heiden Anhänger. Zurück in Antiochia kommt es zur Auseinandersetzung darüber, ob Heiden nicht zuerst zum Judentum übertreten (d.h. sich beschneiden lassen) sollen, bevor sie Christen werden können. Paulus und Barnabas widersprechen.

Apostelkonzil in Jerusalem

Diese Frage wird auf dem Apostelkonzil in Jerusalem heftig diskutiert. Es wird beschlossen, den Heiden keine Steine in den Weg zu legen, wenn sie sich zu Jesus bekehren wollen. Lediglich diese Gebote sollen sie beachten:
- Sie sollen kein Fleisch essen, das zuvor Götzen *geopfert* ⏸ wurde,
- sie sollen kein Blut zu sich nehmen
- und sich vor Unzucht hüten.

⏸ **Götzenopferfleisch:** Fleisch von Tieren, die römischen Göttern geopfert worden waren, wurde nach der Kulthandlung verkauft.

Die zweite Missionsreise

Paulus und Silas gehen auf die zweite Missionsreise: Sie führt nach Europa. Die Stationen sind: Jerusalem, Antiochien, Derbe und Lystra. Sie reisen durch Phrygien, Galatien und Mazedonien. In Philippi unterstützt sie die reiche Purpurhändlerin Lydia. Dann reisen sie nach Thessalonich. Auch hier überzeugen sie einige Juden und mehrere Heiden. Als sie verfolgt werden, fliehen sie über Beröa nach Athen.

Athen war für die Menschen in der Antike ein Zentrum der Philosophie und Weisheit.

Die Apostelgeschichte 111

In Athen diskutiert Paulus mit den Philosophen. Sie fragen ihn: Was ist das für eine neue Lehre, die du vertrittst? Paulus stellt sich mitten auf den Marktplatz und sagt: Ich habe mir eure Heiligtümer angesehen. Einen Altar habe ich gefunden, darauf stand: ›Dem unbekannten Gott‹. Ich verkündige diesen Gott. Gott hat Himmel und Erde gemacht. Er wohnt nicht in Häusern, die von Menschen gemacht wurden. Er hat die Menschen geschaffen, er hat ihre Lebenszeit bestimmt und ihnen ihren Ort zugewiesen. Ihre Aufgabe ist es, ihn zu suchen.

▶ »Und fürwahr, er ist nicht ferne von einem jeden unter uns. Denn in ihm leben, weben und sind wir.« ◼

APOSTELGESCHICHTE 17,27–28

Wir sind Gott verantwortlich, denn er wird am Ende mit Gerechtigkeit richten. Jesus wird der Richter sein und jeder kann an ihn glauben, denn Gott hat ihn von den Toten auferweckt.
Manche spotten über Paulus, als sie von der Auferstehung von den Toten hören, aber er gewinnt auch einige Anhänger.

Von Athen reist Paulus weiter nach Korinth. Er lernt Aquila und Priszilla kennen, die von Kaiser Klaudius aus Rom vertrieben worden waren. Paulus erfährt auch hier Widerstand von Juden.

Paulus bleibt eineinhalb Jahre in Korinth. Dann fährt er mit dem Schiff Richtung Syrien. Aquila und Priszilla begleiten ihn. Über Ephesus, Cäsarea und Jerusalem kehrt er schließlich nach Antiochien zurück – um sofort zu seiner dritten Missionsreise aufzubrechen.

Die dritte Missionsreise

Paulus reist nach Ephesus. Dort gibt es schon Christen. Als Juden über die neue Lehre spotten, predigt Paulus nicht mehr in der Synagoge, sondern in einem Lehrsaal. Es kommt zu einem Aufstand der Silberschmiede. Sie verkaufen dort kleine Nachbildungen des Tempels der Artemis und fürchten, dass die neue Lehre ihnen das Geschäft verdirbt.

In Troas kommt es zu einem Zwischenfall: Während Paulus predigt, schläft einer seiner Zuhörer namens Eutychus ein. Er stürzt vom Fenstersims, auf dem er sitzt, und kommt bei dem Aufprall zu Tode. Paulus eilt herbei und erweckt den Toten wieder zum Leben.

Paulus reist weiter nach Milet. Dort lässt er die Ältesten der Gemeinde von Ephesus kommen und verabschiedet sich mit einer Rede von ihnen. Er weiß, dass er sie nicht mehr sehen wird. Dann geht es über Tyrus und Ptolemais weiter nach Cäsarea. Er wird davor gewarnt, nach Jerusalem zu gehen. Paulus lässt sich aber nicht einschüchtern. Er erklärt, dass er bereit sei, für Jesus zu sterben. In Jerusalem berichten ihm Jakobus und die Ältesten, er werde stark von den gesetzestreuen Judenchristen kritisiert. Sie werfen ihm vor, Juden außerhalb Israels zur Abkehr vom Judentum zu verführen.

Heute finden philosophische oder theologische Diskussionen nicht mehr auf öffentlichen Plätzen, sondern im Internet statt. Als Diskussionsmedium dienen Blogs und Foren.

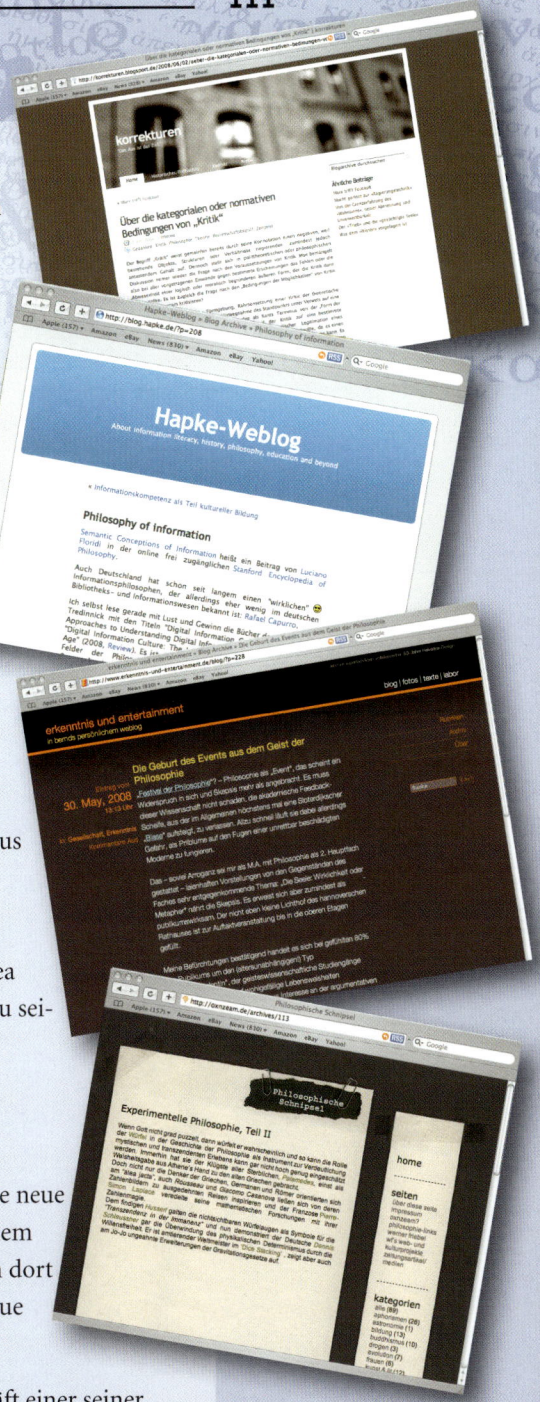

Ein Leben für die Gute Nach[richt]

❶
Rom war das Zentrum der antiken Welt und der Ort, an dem Paulus vermutlich verstarb.

❷
In Athen diskutierte Paulus auf dem Areopag öffentlich mit den Griechen über seinen Glauben.

❸
Thessalonich, heute Saloniki – damals wie heute eine pulsierende Großstadt. Im Vordergrund der »Weiße Turm« aus der Zeit der Kreuzfahrer.

Italien · Rom · Tres Tabernae · Forum Appii · Puteoli · Rhegion · Syrakus · Melite (Malta) · Mazedonien · Thessalonich · Beröa · Samothr[ake] · Phil[ippi] · Athen · Korinth · Kreta · Guter Hafen · Kyrene · Mittelmeer · Libyen

Die Apostelgeschichte

...cht – die Reisen des Paulus

❹ Die Artemis von Ephesus ist nur ein Beispiel für die vielen Götter, die in der Antike verehrt wurden. Die Anfertigung von Götzenbildern war ein einträgliches Geschäft.

❺ Laodizea ist eine der Gemeinden, die in der Offenbarung des Johannes genannt werden. Die Abbildung zeigt ein Fragment, das vermutlich Teil eines christlichen Taufbeckens war.

❻ Tarsus ist der Geburtsort des Paulus. Das Bild zeigt die Römerstraße, die aus der Stadt heraus nach Norden führte. Vermutlich hat Paulus diesen Weg genommen, als er nach Derbe ging.

- - - - - Erste Reise
———— Zweite Reise
·········· Dritte Reise
·········· Reise nach Rom

❼ Jerusalem: hier bildete sich die erste christliche Gemeinde.

Verhaftung

Als Paulus in den Tempel geht, wird er verhaftet. Er verteidigt sich:
1. Ich bin ein gesetzestreuer Jude wie ihr. Deshalb habe ich auch die Christen verfolgt, bis Jesus mir vor Damaskus begegnete. Er selbst schickte mich zu den Heiden.
2. Ich stehe vor Gericht als *Pharisäer*(⏪ Seite 101), weil ich (wie alle Pharisäer) an die Auferstehung glaube.

Daraufhin bricht ein Tumult zwischen Pharisäern und Sadduzäern aus. Die *Sadduzäer* ⏸ glauben nicht an die Auferstehung von den Toten.

⏸ **Sadduzäer:** Die religiöse Gruppe der Sadduzäer, die der höheren Gesellschaftsschicht angehörte, spielte eine wichtige Rolle im Tempeldienst. Sie befanden sich in Streit mit den Pharisäern, z.B. weil sie nicht an eine Auferstehung nach dem Tod glaubten.

Verschwörung gegen Paulus

Vierzig Männer wollen Paulus töten. Deshalb bringt man ihn nach Cäsarea. Zwei Jahre ist er in Haft. Danach wird das Verfahren wieder aufgenommen. Paulus besteht darauf, vor den Kaiser gebracht zu werden, da er ein römischer Staatsbürger ist. Paulus segelt nach Rom. Das Schiff gerät in Seenot. Viele Tage lang treibt es im Sturm umher. Paulus tröstet die Mannschaft. Er sagt: Ein Engel Gottes hat mir gesagt, dass niemand umkommen wird. Nach zwei Wochen kommen sie in Malta an Land.

Auf der Insel Malta

Die Bewohner der Mittelmeerinsel nehmen Paulus und die Mannschaft freundlich auf. Als sie ein Feuer anzünden, um die Durchnässten zu wärmen, wird Paulus von einer Schlange gebissen. Die Malteser befürchten, dass Paulus ein Mörder sei, der von der Rachegöttin gestraft werden soll. Alle warten, dass Paulus am Schlangenbiss stirbt, aber es geschieht nichts. Da halten sie Paulus für einen Gott. Publius, ein begüterter Mann, nimmt ihn und die Schiffsmannschaft auf. Als er an der Ruhr erkrankt, heilt Paulus ihn. Da kommen auch die anderen Kranken der Insel und lassen sich heilen. Nach drei Monaten fahren sie mit einem Schiff aus Alexandria weiter nach Rom.

In Rom

Paulus lässt die Angesehensten der Juden in Rom zusammenrufen und erklärt ihnen seine Verhaftung. Doch die jüdische Gemeinde in Rom hat nichts Negatives über ihn gehört. Paulus predigt ihnen von Jesus und vom Reich Gottes. Einige glauben ihm, andere aber nicht. Die jüdische Gemeinde streitet untereinander. Paulus sagt:

▶ **»So sei es euch kundgetan, dass den Heiden dies Heil Gottes gesandt ist; und sie werden es hören.«** ◼ APOSTELGESCHICHTE 28,28

In Rom verlieren sich die Spuren des Paulus …

Das Forum Romanum, einst das Zentrum der Hauptstadt des römischen Reiches.

Allein durch den Glauben –

Der Brief des Paulus an die Römer

Paulus schreibt einen Brief an die christliche Gemeinde in Rom, die er noch nicht persönlich besucht hat. Er schreibt den Brief vor einer Reise nach Jerusalem; von dort will er nach Spanien reisen und dabei einen Abstecher nach Rom machen. In diesem Brief legt er grundsätzlich dar, was das Wesen des Christseins ausmacht. Der Römerbrief ist damit von besonderer Bedeutung.

Das Zentrum des Glaubens

Gleich zu Beginn des Römerbriefs formuliert Paulus, was das Zentrum des christlichen Glaubens ausmacht: **»Ich schäme mich des Evangeliums nicht; denn es ist eine Kraft Gottes, die selig macht alle, die daran glauben.«** RÖMER 1,16

Martin Luther schreibt als alter Mann, dass er beim Lesen dieser Bibelstelle die entscheidende Entdeckung machte, die zur Reformation führte.

»So halten wir nun dafür, dass der Mensch gerecht wird ohne des Gesetzes Werke, allein durch den Glauben.« RÖMER 3,28

Paulus sieht die Situation des Menschen so: Unser Denken und Handeln ist verstrickt in Zwänge und menschliche Schwächen. Dadurch entfernen wir uns von Gottes gutem Wirken. Unsere Beziehung zu Gott ist gestört. In der Sprache des Paulus heißt das: Wir stehen alle unter der Macht der Sünde. Aber Gott hat Christus gesandt, damit durch ihn unsere Beziehung zu Gott heil wird. Dies zu glauben ist das Heil, die Rettung.

Kein Mensch kann sich selbst erlösen. Das kann nur Gott. Alle Versuche, sich selbst zu erlösen, führen in ein Dilemma: **»Denn ich weiß nicht, was ich tue. Denn ich tue nicht, was ich will; sondern was ich hasse, das tue ich. Wenn ich aber das tue, was ich nicht will, so gebe ich zu, dass das Gesetz gut ist. So tue nun nicht ich es, sondern die Sünde, die in mir wohnt.«** RÖMER 7,15–17

Diese Sünde kann allein Gott vergeben. Und Gott hat dies getan, indem er seinen Sohn gesandt hat, der uns Menschen mit Gott versöhnt hat. Das Evangelium ist die frohe Botschaft von der Vergebung, die Gott schenkt. Diese Worte entsklaven die Menschen aus ihrem »automatischen« und eigensinnigen Handeln. Dies zu verkünden ist die Lebensaufgabe des Paulus. Darum ist er Missionar.

Der Brief des Paulus an die Römer

Das »Alte Testament« ist nicht überholt

Wenn aber durch Jesus Christus so ungeheuer Neues geschehen ist, ist dann das Alte Testament überflüssig? Gelten die alten Verheißungen nicht mehr? Im Gegenteil: Sie sind die Wurzel, aus der der Glaube wächst. Die Verheißungen, die Gott seinem Volk gemacht hat, sind nicht überholt, sie werden einst in Erfüllung gehen. Aber sie gelten jetzt allen Menschen auf der Erde. Allerdings sollen die Christen nie vergessen, dass Gott das Heil zuerst den Juden zugesagt hat: Die Wurzel trägt den Stamm.

Christen und die Macht

In Rom ist man im Zentrum der Macht. Dürfen Christen diese Macht anerkennen? Oder dürfen sie nur die Macht Gottes anerkennen? Paulus sagt: die weltliche Macht, die politische Macht, hat die Aufgabe, für Ordnung zu sorgen und die Straftäter zu bestrafen. Darum sollen Christen die Staatsgewalt nicht in Frage stellen.

▶ **»So gebt nun ... Steuer, dem die Steuer gebührt; Zoll, dem der Zoll gebührt; Furcht, dem die Furcht gebührt, Ehre, dem die Ehre gebührt.«** RÖMER 13,7

Damit sagt Paulus: Ehre gebührt nur Gott. Darum darf der Kaiser nicht als Gott verehrt, nur als Ordnungsmacht anerkannt werden.

Paulus geht auch auf Konflikte in der Gemeinde ein: Darf man als Christ z.B. auf dem Markt Fleisch kaufen und essen, das von *Opfertieren* (◀◀ Seite 110) stammt, die den römischen Göttern geopfert wurden?

Paulus sagt: Das Evangelium macht frei. Diese Freiheit gilt auch hier. Aber Freiheit hat eine Grenze: wenn dadurch Menschen unter Druck geraten. Wenn einer Angst davor hat, das Opferfleisch zu essen, weil er meint, er unterstütze damit doch indirekt den Glauben an die römischen Götter, dann soll man ihn nicht durch die eigene Freiheit unter Druck setzen. Christsein im Alltag heißt, Rücksicht auf die Schwachen in der Gemeinde zu nehmen.

Roms Macht gründete sich auf eine starke Armee, deren Soldaten die Anordnungen des Kaisers gnadenlos durchsetzten.

Am Triumphbogen des Kaisers Titus in Rom findet sich eine Darstellung des siebenarmigen Leuchters, erbeutet aus dem Tempel in Jerusalem.

Was soll die Kraft des Glaubens in dieser Welt bewirken?

1. Die Kraft kommt aus dem Leben mit Jesus Christus. Sie spiegelt die Gnade eines lebendigen Gottes, der am Puls der Menschen ist.

2. Wir alle sind freie, aufrechte Menschen und können aus den Worten Jesu unser Leben gestalten, in welcher Welt auch immer.

3. Jeder Mensch kann mit dem lebendigen Gott verbunden sein, egal welcher Herkunft er ist, welche Geschichte er mitbringt.

4. Niemand ist für einen anderen die Richtschnur – jeder ist im Sinne Jesu ganz einmalig und wichtig.

5. Der lebendige Gott hat sich in der Vergangenheit gezeigt, z.B. in der Geschichte des Volkes Israel. Er zeigt sich auch in der Gegenwart, wenn Menschen Gott einen Platz einräumen. Das Handeln Gottes bleibt aber immer größer und sprengt immer wieder unseren Horizont.

6. Die Verbundenheit mit Gott zeigt eine besondere Form der liebenden Gerechtigkeit. Gott schenkt Frieden, der über Waffenstillstand und Verträge hinausgeht. Er lässt Menschen zur Ruhe kommen, die ungehalten und immer wieder in Zweifel verstrickt sind.

7. Von Gott können Menschen Hoffnung und Liebe erfahren. Sie sprengen Ketten und Mauern.

Rom war zur Zeit des Paulus eine große und pulsierende Metropole, die auf die Menschen der Antike einen gewaltigen Eindruck machte – vielleicht vergleichbar mit New York für den modernen Menschen.

▶ **»Denn wenn man von Herzen glaubt, so wird man gerecht; und wenn man mit dem Munde bekennt, so wird man gerettet.«** ◀
RÖMER 10,10

Am Ende des Briefes grüßt er 28 Personen, darunter neun Frauen und ihre Familien. So bekommen wir einen kleinen Einblick in die Gemeinde in Rom. Und er lässt Grüße ausrichten von acht Personen, die bei ihm sind. So wissen wir: Paulus hatte Kontakt zu vielen Menschen in der ganzen Welt.

Glaube, Liebe, Hoffnung –
Der 1. Brief des Paulus an die Korinther

Paulus schreibt zwei Briefe an die christliche Gemeinde in Korinth. Er hat diese Gemeinde selbst gegründet. Doch dann sind dort viele Fragen aufgetaucht, die zu Konflikten führten, z.B.: Darf ein Christ ein Verhältnis mit seiner Stiefmutter haben? Darf man Streitigkeiten in der Gemeinde vor einem staatlichen Gericht austragen? Darf eine Ehe geschieden werden? Darf man Fleisch essen, das für heidnische Götzen geschlachtet worden ist? Muss man an die Auferstehung Christi glauben? – Darauf antwortet Paulus mit seinen Briefen.

Konflikte in Korinth

Paulus steht vor einem Berg von Problemen, die ihm die Gemeinde in Korinth bereitet:

1. Es gibt Spaltungen in der Gemeinde. Die einen sagen: Wir sind *Apollos*-Fans, die anderen sagen: Wir sind Paulus-Fans.
2. In der Gemeinde streiten sich Leute so sehr, dass sie gegeneinander vor Gericht gehen.
3. Ein Gemeindeglied hat sich seine Stiefmutter als Geliebte genommen.
4. Ehescheidungen in der Gemeinde haben zugenommen.
5. Einige Gemeindeglieder essen das Fleisch der Tiere, die den römischen Göttern geopfert worden waren – andere halten das Essen solches »Götzenopferfleisches« für unchristlich.
6. In den Gottesdiensten geht es chaotisch zu: Es wird durcheinander geredet und vor dem Abendmahl sind einige schon betrunken, während andere hungrig sind.
7. Es gibt einige, die behaupten, es gebe keine Auferstehung der Toten und Christus sei gar nicht auferstanden.

▶ Apollos war ein urchristlicher Prediger, der ähnlich wie Paulus das Evangelium in verschiedenen urchristlichen Gemeinden verkündigte.

Auch heute muss sich die christliche Gemeinde immer wieder ausrichten. Die Formen, in denen Gottesdienst gefeiert wird, können dabei ganz unterschiedlich sein.

Die Antworten des Paulus

Die Gemeinde in Korinth steckt in einer schweren Krise. Und Paulus kann nicht selbst in die griechische Stadt reisen. Er kann sich nur hinsetzen und Briefe schreiben an die Gemeinde in Korinth, oder abgekürzt: an die Korinther.

Paulus schreibt zu den Problemen:

1. Christus ist der Wichtigste
Es gibt nur ein einziges Fundament, auf dem die Gemeinde ruht und aufgebaut ist: Jesus Christus. Darum darf es keine Spaltungen geben, denn die »Fan-Gruppen« orientieren sich »nur« an Menschen, nicht aber an Christus. Und nur darauf kommt es an.

2. Kein Streit vor Gerichten!
Vor Gericht zu streiten ist eine Schande. In einer christlichen Gemeinde muss es doch besonnene Menschen geben, die Streit schlichten können! Die Christen sind doch Heilige Gottes. Sie sollen selbst einmal mit Christus die Menschheit richten – wie können sie dann nicht zur Einigung untereinander kommen?

3. Manchmal muss man sich trennen
Der Mann, der eine unrechtmäßige Beziehung hat, soll aus der Gemeinde ausgeschlossen werden.

4. Keine Ehescheidung!
Es soll keine Ehescheidungen geben. Wenn aber doch, dann soll anschließend nicht ein zweites Mal geheiratet werden. Am besten wäre es, wenn alle unverheiratet blieben, so wie der Apostel selbst. Wenn man aber heiratet, soll man auch in Liebe zusammenbleiben. Der Körper eines Menschen ist ein Tempel des heiligen Geistes.

5. Ein Christ ist frei – aber nimmt Rücksicht
Grundsätzlich ist ein Christ frei zu essen, was er will. Auch das Essen von Götzenopferfleisch gehört zu dieser Freiheit. Wenn aber jemand daran Anstoß nimmt, dann soll Rücksicht auf die Schwachen genommen werden. Freiheit darf nicht andere in Konflikte stürzen.

6. Ehrt das Abendmahl!
Das Abendmahl darf nicht entwürdigt werden! Alle sollen beim Essen aufeinander warten. Wer hungrig ist, soll schon zu Hause essen, aber nicht unwürdig (z.B. betrunken) zum Abendmahl kommen.

7. Christus ist wahrhaftig auferstanden von den Toten
Wenn Christus nicht auferstanden wäre, dann wäre der Apostel unglaubwürdig und der Glaube hätte keinen Grund. Paulus zählt alle Zeugen der Auferstehung Jesu auf: Petrus, die zwölf Jünger, 500 Brüder, von denen einige noch leben, Jakobus, alle Apostel, zuletzt Paulus selbst. Dieses Zeugnis ist die Grundlage für die frohe Botschaft von der Auferstehung, die ein Leben in Herrlichkeit und Unverweslichkeit sein wird.

Der 1. Brief des Paulus an die Korinther

Paulus schreibt, dass alles, was wir ohne Liebe tun, sinnlos ist. Auch wenn wir Meisterhaftes vollbringen könnten – was wir ohne Liebe tun, bleibt kalt und wertlos. Paulus meint aber nicht nur die Liebe zwischen Mann und Frau, sondern auch die Liebe der Eltern zu ihren Kindern oder die barmherzige Liebe, die ein Helfer für einen Bedürftigen empfinden kann. Er meint auch die Liebe, mit der Gott uns Menschen liebt.

Die Ratschläge an die Gemeinde in Korinth sind von Bedeutung für alle Christen. Daneben enthält der Brief eine Reihe weiterer grundsätzlicher theologischer Aussagen:

Liebe

Die Liebe ist das Größte, was es für Menschen gibt – größer noch als Glaube und Hoffnung.

> »Nun aber bleiben Glaube, Hoffnung, Liebe, diese drei; aber die Liebe ist die größte unter ihnen.« 1. KORINTHER 13,13

Gaben und Fähigkeiten

In einer Gemeinde gibt es viele Gaben, Begabungen und Fähigkeiten, aber in ihr ist nur ein Geist. Es gibt verschiedene Funktionen und Aufgaben, aber nur einen Herrn, Christus. Es gibt verschiedene Kräfte, die in Menschen wirken, aber es ist ein Gott, der in allem wirkt.

Auferstehung

»Nun aber ist Christus auferstanden von den Toten …!« Das ist die frohe Botschaft, die Paulus weitersagt.

Am Ende bittet Paulus die Gemeinde in Korinth um eine *Kollekte* (Spendensammlung) für die *Urgemeinde* in Jerusalem. Sie ist sehr arm und braucht dringend Hilfe. An jedem Sonntag soll jeder geben, soviel er kann. Und Paulus verspricht, die Gemeinde bald zu besuchen.

Kollekte: Spenden für religiöse oder soziale Zwecke. Paulus hatte sich dazu verpflichtet, von den Gemeinden, in denen er wirkte, Kollekten für die Jerusalemer Gemeinde, die sehr arm war, als Zeichen der Verbundenheit einzusammeln. Heute wird am Ende jedes Gottesdienstes eine Kollekte für einen zuvor bekannt gegebenen gemeinnützigen Zweck erbeten.

Urgemeinde: Am Pfingstfest bildete sich in Jerusalem die erste christliche Gemeinde. Die Jerusalemer Gemeinde genoss in der ganzen Christenheit ein besonderes Ansehen.

Lasst euch versöhnen mit Gott –

Der 2. Brief des Paulus an die Korinther

Dieser Brief wurde von Paulus und Timotheus etwa ein bis zwei Jahre nach dem ersten Brief geschrieben. Seine Beziehung zur Gemeinde in Korinth ist gespannt. Er schreibt, um Liebe und Vertrauen wiederherzustellen, bevor er es wagt, selbst wiederzukommen. Schließlich ist der Gott, dem sie gemeinsam dienen, ein versöhnender Gott.

Eine außergewöhnliche Anrede: Paulus nennt die Christen in der Gemeinde von Korinth »*Heilige*«. In seinen Augen sind sie durch Gott für heilig erklärt worden!
Ein außergewöhnlicher Gruß: »*Gnade sei mit euch und Friede von Gott, unserem Vater, und dem Herrn Jesus Christus.*«

So beginnt der Brief. Und dann bedankt sich Paulus für die Gemeinde! Und so nebenbei erfahren die Korinther (und wir), dass Paulus Schlimmes in Kleinasien (heute Türkei) erlitten hat und fast schon glaubte, er müsse sterben. Aber er hat die Macht Gottes erlebt, die Tote wieder auferwecken kann.

Aber zuerst muss er einen Vorwurf entkräften. Die Gemeinde ist verärgert, dass er sie nicht besucht hat. Paulus sagt, er sei nicht gekommen, weil er sie schonen wollte. Er hätte viel zu kritisieren gehabt und die Gemeinde wäre traurig geworden. Das wollte er ihr ersparen. Ausdrücklich vergibt Paulus einem Gemeindeglied, das offenbar viel Ärger in der Gemeinde ausgelöst hat.

Wie so viele Städte, die zur Zeit des Paulus pulsierende Metropolen waren, ist auch das antike Konrinth nur noch eine Ansammlung von Ruinen. Und dennoch finden wir auch heute noch all die Probleme, mit denen die junge Gemeinde in Korinth zu kämpfen hatte, in vielen unserer modernen Gemeinden wieder.

Das Apostelamt des Paulus – Last und Freude zugleich

Dann beschreibt Paulus sein Apostelamt. Obwohl es ihm viel Kummer, Verfolgung und Mühe bereitete, ist es für ihn doch ein großartiges Amt, weil er die froh machende Botschaft Gottes von der Versöhnung verkündet. Er kann als Apostel zeigen, was die Liebe Gottes bewirken kann. Ja, er hat sogar den Abglanz der Herrlichkeit Gottes zu Gesicht bekommen und kann ihn weitergeben. Der Schein des Lichtes Gottes dringt in die Herzen ein und macht sie hell. Zwar ist das Leben noch beschwerlich und sein Amt hat ihn oft in lebensgefährliche Situationen gebracht. Aber der Glaube gibt schon jetzt einen Blick frei auf die ewige Herrlichkeit Gottes. Einst werden wir sie sehen können, wenn wir an dem Glauben an den Gott festhalten, der Christus auferweckt hat. Der größte Lohn eines Apostels besteht darin, dass die Gemeinde, die er selbst gegründet hat, lebendig ist. Seine Grundsätze lauten: Ein Apostel macht keine Geschäfte mit dem Wort Gottes, er darf nichts heimlich tun. Seine wichtigste Aufgabe ist, die Botschaft von der Versöhnung Gottes zu predigen.

▶ **»So sind wir nun Botschafter an Christi statt, denn Gott ermahnt durch uns; so bitten wir nun an Christi statt: Lasst euch versöhnen mit Gott.«** ◻ *2. KORINTHER 5,20*

Der erste Brief des Paulus hat in der Gemeinde in Korinth viel Traurigkeit hervorgerufen. Seitdem hat sich vieles geändert. Die Korinther haben bereut.
Und als Paulus nun seinen Mitarbeiter Titus in die Stadt entsendet, nehmen sie ihn voller Freude auf. So fühlt sich Paulus jetzt getröstet. Noch einmal bittet er um eine Kollekte für die Gemeinde in Jerusalem.

Ein Christ ist ein ungeheuer freier Mensch, weil Gott ihn durch Christus frei gemacht hat. Darum sagen in Korinth einige Leute: »Mir ist alles erlaubt.« »Ja«, sagt Paulus, »sie haben Recht, aber ...«
»Alles ist mir erlaubt, aber nicht alles ist heilsam«, setzt Paulus entgegen. Heilsam ist nur, was die Gemeinschaft untereinander fördert. Alles, was Rücksicht auf die nimmt, die nicht so stark sind. Alles, was das Leben vor Gott heilig macht.

Paulus scheint krank zu sein. Er spricht von einem Pfahl im Fleisch. Von Beschwerden und Verfolgung. Das, was ihm Kraft gibt, ist ein Wort Gottes, das ihn zugleich tröstet:

▶ **»Lass dir an meiner Gnade genügen, denn meine Kraft ist in den Schwachen mächtig.«** ◻ *2. KORINTHER 12,9*

Wenn das alles erlaubt ist, was aber ist dann heilsam?

Jesus hat uns zur Freiheit befreit! Nie wieder Knechtschaft –

Der Brief des Paulus an die Galater

Paulus hatte die Christen in Galatien für den Glauben an Jesus gewonnen. Kurze Zeit später, als Paulus weitergezogen war, kamen andere Missionare. Was sie sagten, widersprach der Botschaft des Paulus. In seinem Brief setzt sich Paulus damit auseinander.

Das Vorbild Abrahams

Paulus greift in diesem Brief auf die Geschichte von Abraham zurück: Abraham vertraute in den entscheidenden Situationen seines Lebens auf die Zusagen Gottes: Er vertraut selbst im hohen Alter noch darauf, dass seiner Frau und ihm ein Sohn geboren wird. Und weil er auf dieses Versprechen Gottes vertraut, zieht er – als alter Mann – aus seiner vertrauten Umgebung weg. Er weiß nicht wohin. Gott allein kennt das Land, in das er ziehen wird.

Der Briefschreiber und seine Gedanken

Paulus schreibt diesen Brief in großer Sorge: Als er bei den Galatern war, schien alles noch in bester Ordnung. Die Botschaft von Jesus Christus, dem Gekreuzigten, ist von ihnen dankbar aufgenommen worden. Jetzt aber versteht Paulus die Welt nicht mehr. Er hat gehört, dass viele in der Gemeinde wieder in ihren alten Trott zurückgefallen sind: »Ich bin irre an euch.« Mit heftiger Leidenschaft redet er den Lesern ins Gewissen: Fallt nicht in den alten Lebensstil zurück! Bleibt bei Jesus Christus; er hat euch in die Freiheit geführt. Lasst euch nicht von den alten Mächten stressen! – Und während er sonst seine Briefe diktiert, greift er jetzt selbst zur Feder und schreibt eigenhändig einige Zeilen am Schluss des Briefes. So will er seinem Appell Nachdruck verleihen.

Diese Pergamentseite des Codex Sinaiticus aus dem 4. Jh., gibt in griechischen Großbuchstaben den Bibelabschnitt Joh 22,1-25 wieder.

Die Galater und ihre Probleme

Kurz nach der Abreise des Paulus hat sich in diesen kleinen Christengemeinden offensichtlich eine Wandlung vollzogen: Es sind neue Missionare aufgetaucht, die das Evangelium anders predigten und lebten: Sie verlangten, dass sich die Christen – wie Juden – *beschneiden* lassen (◀ siehe Seite 22 und 110 *Apostelkonzil*).

Außerdem drangen sie darauf, dass die Christen die jüdischen Gesetze beachten. Für Paulus ist damit die Jesus-Botschaft entwertet, denn: Wer auf die eigenen (religiösen) Leistungen vertraut, weist die Liebe Gottes zurück. Wer sich vor Gott auf die eigenen Schultern klopft, der vertraut nicht auf Jesus Christus.

Zur Freiheit befreit: Christ sein heißt frei sein

Zur Zeit des Paulus waren gerade die frommen Menschen der Überzeugung, dass die Beachtung aller religiösen Vorschriften zu einem erfüllten Leben verhelfe.

Aber: So geht es nicht. Schon Abraham scheiterte damit: Erst als er sich der Zusage Gottes anvertraute, wurde sein Leben heil. Trotzdem wäre es ein Missverständis zu meinen, in der Nachfolge Jesu gäbe es keine Regeln mehr!

Petrus und Paulus

Paulus war stinksauer auf Petrus. Petrus hatte bei den gerade für den Glauben an Jesus gewonnenen jungen Christen zunächst in völliger Freiheit von den alten jüdischen Bestimmungen gelebt (◀ siehe Seite 109). Als aber jüdische Freunde ihn besuchten, machte er eine Kehrtwendung und fing wieder an, die jüdischen Gesetze, zum Beispiel beim Essen, zu beachten. Die jungen Christen wurden dadurch mächtig verwirrt; sie wussten nicht mehr, was nun richtig war: Galt nun das Wort des Paulus, dass allein der Glaube an Jesus reicht – oder mussten sie auch noch die jüdischen Vorschriften beachten?

Eine einfache Regel

Paulus hat in seinem Brief an die Galater nicht nur starke Sätze über die christliche Freiheit geschrieben; an einigen Stellen schreibt er auch in eindrücklichen Worten, wie die Menschen in der Nachfolge Jesu miteinander leben sollen:

▶ »Einer trage des andern Last, so werdet ihr das Gesetz Christi erfüllen.« ◼
GALATER 6,2

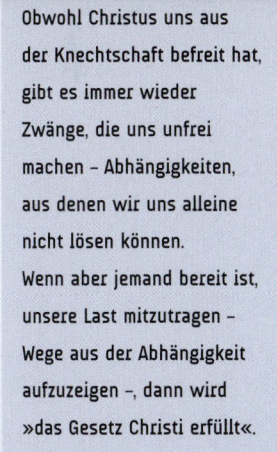

Obwohl Christus uns aus der Knechtschaft befreit hat, gibt es immer wieder Zwänge, die uns unfrei machen – Abhängigkeiten, aus denen wir uns alleine nicht lösen können. Wenn aber jemand bereit ist, unsere Last mitzutragen – Wege aus der Abhängigkeit aufzuzeigen –, dann wird »das Gesetz Christi erfüllt«.

Mehr als nur ein Brief –

Der Brief des Paulus an die Epheser

Nach der äußeren Form ist dieser Text zwar ein Brief; vom Inhalt her wirkt er aber eher wie eine Predigt oder ein Lehrschreiben. Paulus – oder, wie viele vermuten: ein Mitarbeiter von ihm – wendet sich mit diesem Brief an die junge christliche Gemeinde in Ephesus. Ephesus war in der Antike eine Weltstadt an der Mittelmeerküste auf dem Gebiet der heutigen Türkei. Hier begegneten sich Menschen aus aller Welt. Unterschiedliche Kulturen trafen aufeinander.

Der Schreiber weiß, dass die jungen christlichen Familien verunsichert sind. Sie leben mitten unter Römern, die einen anderen Glauben haben. Und sie leben in einer Gemeinde, in der jeder seinen eigenen Weg im Glauben gehen will. Glauben aber braucht Gemeinschaft. Glauben braucht gegenseitige Unterstützung. Wie kann dies geschehen, wenn jeder glaubt, nur sein Weg sei richtig?

Gemeinschaft entsteht durch das Handeln Gottes. Er hat sich allen Menschen zugewandt. Seine Liebe will uns zu Geschwistern machen. Er hat uns durch Jesus Christus frei gemacht, indem er uns unsere Verfehlungen vergeben hat.
Aus Gnade sind wir erlöst. Er hat die Mauer der Feindschaft zwischen Gott und Mensch eingerissen.
Wir sind gemeinsame Erben in seinem Reich.
Wir sind im Glauben an den Messias miteinander verbunden.
Wir haben einen einzigen, wirklichen Herrscher in dieser Welt: Jesus Christus. Der Glaube macht aus ungleichen Menschen Geschwister: Juden und Heiden sind im Glauben vereint. Paulus ist als Apostel zu den Heiden gegangen, um ihnen den Plan Gottes zu verkünden. Zwar sind die Juden das Volk, das Gott auserwählt und mit seinen Verheißungen bedacht

Heute treffen verschiedene Kulturen in fast jeder großen Stadt der Welt aufeinander. Für Christen spielt die Herkunft keine Rolle, denn sie begreifen sich als Geschwister im Glauben.

Der Brief des Paulus an die Epheser

hat. Aber durch Jesus Christus haben die Heiden in gleichem Maße Anteil an der Liebe und Gnade Gottes wie die Juden.

Glaube schenkt den Glaubenden Einheit: Sie sind wie ein Körper, haben einen Geist, eine Hoffnung und einen Glauben. Sie sind getauft mit der einen Taufe und glauben an einen Gott, den Vater aller Menschen.

Als Christ leben bedeutet dann zum Beispiel: Gott nachzueifern; zu lieben, wie er liebt; sein Leben bewusst zu gestalten und nicht irgendwelchen Süchten zu verfallen.
Der Schreiber charakterisiert den christlichen Lebensstil mit der bildhaften Beschreibung: Ein Christ soll im Licht leben, Licht im Dunkel sein – soll tun, was das Leben fördert, nicht zerstört.

Glauben wirkt sich aus

Nach dem Willen Gottes als Christ zu leben, das hat Auswirkungen auf den Alltag, auf das tägliche Miteinander.
Paulus richtet sich an Männer, Frauen, Kinder, Eltern, Sklaven und Herren:

- Männer sollen ihre Frauen lieben und sie achten.

- Frauen sollen ihre Männer lieben und sie achten.

- Kinder sollen ihre Eltern achten.

- Eltern sollen ihre Kinder liebevoll erziehen.

- Sklaven sollen ihren Herren so dienen, als seien sie frei.

- Herren sollen ihre Sklaven wie Brüder behandeln.

Denn für alle gilt: ein Körper, ein Geist, eine Hoffnung, ein Glaube, eine Taufe, ein Gott (nach Epheser 4,4f.).

Wenn Menschen einander mit Liebe, Respekt und Achtung begegnen, sind sie auf dem richtigen Weg.

Freuet euch in dem Herrn –
Der Brief des Paulus an die Philipper

Die Gemeinde in Philippi gilt nach Apostelgeschichte 16 als die erste Gemeinde, die Paulus auf europäischem Boden gründete. Heute existieren von dieser Stadt nur noch wenige Ruinen in der Nähe der nordgriechischen Stadt Kavalla. Der Brief des Paulus an die Philipper gilt vielen Christen bis auf den heutigen Tag als der Freudenbrief des Apostels, da er immer wieder schreibt: »Freuet euch in dem Herrn.«

Die Schreiber

Paulus und Timotheus sind – vermutlich in Ephesus – in Gefangenschaft. An wenigen Stellen seiner zahlreichen Briefe spricht der Apostel Paulus so offen über sein Leben: Wir erfahren, dass er als Jude aus dem *Stamm Benjamin* (Seite 11, 23) geboren ist und zur religiösen Gruppe der *Pharisäer* (Seite 101) gehörte. Außerdem umschreibt er die große Wende in seinem Leben, die er durch die Begegnung mit Jesus Christus erfahren hat: Seinen alten religiösen Eifer verwirft er als »Dreck«, nur im Vertrauen auf Jesus Christus will er sein Heil suchen.

Die Empfänger

Philippi war die erste Gemeinde, die Paulus in Europa gründete. Aber nicht nur das zeichnete das besondere Verhältnis zwischen dem Apostel und den Christen in Philippi aus: Es bestand eine tiefe geistliche und – als Frucht davon – materielle Verbundenheit. Sogar noch als Paulus nach Thessalonich weitergereist ist, unterstützt ihn die Gemeinde aus Philippi. Und gerade weil nun auch im Gegenzug diese Gemeinde dem Apostel sehr ans Herz gewachsen ist, macht er sich Sorgen wegen einer möglichen Krise.

Eingesperrt weil der Glaubean Jesus nicht mit den staatlichen Doktrinen vereinbar ist. Dieses Schicksal teilten mit Paulus auch viele Christen in der ehemaligen DDR, von denen manche vielleicht auch in diesem Stasi-Gefängnis eingesperrt waren.

Der Brief des Paulus an die Philipper

Die Situation

Paulus sitzt im Gefängnis. Deshalb schickt er seinen treuen Freund und Helfer Timotheus mit dem Brief nach Philippi. Zuvor war bereits ein anderer Helfer namens Epaphroditus dorthin gereist. Beide sollen sich um Spaltungen in der Gemeinde kümmern, von denen der Apostel erfahren hat. Eindringlich fordert Paulus die Christen in Philippi auf, an ihrer Einheit festzuhalten und sich nicht zu entzweien.

Die gute Nachricht

»*Freuet euch in Jesus Christus!*« (Philipper 4,4). An seiner Liebe sollen sich die Christen in Philippi orientieren, dann werden sie den Streit in ihrer jungen Gemeinschaft überwinden. – Denn seit der Abreise des Apostels aus Philippi haben sich andere Botschaften von Jesus ausgebreitet: Die Feinde des Paulus lehren, dass der Glaube an Jesus noch nicht reiche, um zu einem erfüllten Leben zu kommen. Sie lehren, dass jeder Glaubende sich erst durch eigene Leistungen bei Gott Ansehen verdienen müsse. Paulus kritisiert diesen Weg. Er ist ihn lange Jahre selbst gegangen, bis er gemerkt hat: Dieser Weg ist ein Dreck!

Der Weg – und das Ziel

»*Verhaltet euch untereinander so, wie es auch der Gemeinschaft in Christus entspricht!*« (Philipper 2,5) Die Freude über den Glauben an Jesus Christus soll sich auswirken in dem Zusammenleben der Menschen. Paulus gibt seinen Lesern – damals und heute – Ratschläge. Wer sie befolgt, kann zu einem erfüllten Leben kommen, er kann zum »Gotteskind« werden:
»*Tut alles ohne Murren und Zweifel!*«
»*Seid ohne Makel in einer verkehrten Welt!*«
»*Sorgt euch um nichts, sondern wendet euch mit euren Bitten an Gott. Der Herr ist nahe!*«
»*Freuet euch in dem Herrn!*« (Philipper 2,14ff.)

Der »Philipper-Hymnus«

Unter den verschiedenen Briefen des Paulus ist der Philipperbrief vor allem wegen seiner wiederholten Aufrufe »*Freuet euch in dem Herrn!*« bekannt geworden. Daneben enthält dieser Brief noch einen Abschnitt, der von großer Bedeutung ist, den so genannten Philipper-Hymnus (Philipper 2,5ff.). In diesem Text übernimmt Paulus vermutlich bekannte Formulierungen aus schon geläufigen Glaubensbekenntnissen seiner Zeit: Er stellt den Lesern Jesus Christus als Vorbild vor, dem alle Menschen nachfolgen sollen. Vor allem betont er, dass Jesus sich erniedrigt hat, um uns Menschen zu erlösen. Und dass er in seinem Gehorsam gegen Gott und in seinem Gottvertrauen sogar für uns Menschen am Kreuz gestorben ist.

Freuet euch im Herrn! Freude ist der Kern der christlichen Botschaft: Freude darüber, dass Jesus den Tod überwunden hat, Freude über die Freiheit, die uns geschenkt ist.

Christus ist Herr über alle Mächte und Gewalten –

Der Brief des Paulus an die Kolosser

Wer regiert die Welt? Die Christen in der Stadt Kolossä sind sich nicht ganz sicher. Klar, Jesus Christus ist für sie der Herr, dem sie gehorchen wollen. Aber auf der anderen Seite glauben sie auch an alle möglichen sichtbaren und unsichtbaren Geister, an irdische und außerirdische Mächte und Kräfte, an Sterne und Engelwesen. Vor den einen fürchten sie sich, die anderen beten sie an und verehren sie.

Paulus und der Irrglaube in Kolossä

Als der Apostel Paulus im Gefängnis davon erfährt, schreibt er mit seinem Freund Timotheus zusammen einen Brief. Es macht für ihn keinen Sinn, sich darüber zu streiten, ob es diese übersinnlichen Wesen und Kräfte wirklich gibt oder nicht. Fest steht nur dies eine: Sie haben alle verspielt – ihr Einfluss ist nichts mehr wert, denn: Christus ist Herr über alle Mächte und Gewalten.

Wer bestimmt, was läuft?

Die Meinungen der Leute in der christlichen Gemeinde in Kolossä gehen in vielen Fragen weit auseinander. Besonders diejenigen, die von den überirdischen Mächten begeistert waren, versuchten den allgemeinen Ton zu bestimmen, indem sie behaupteten, sie hätten höhere Erkenntnisse gewonnen. Sie wollten den anderen vorschreiben, was sie essen und trinken sollten. Außerdem verlangten sie spezielle religiöse Handlungen, um die Engel und die kosmischen Mächte bei Laune zu halten. Paulus nennt diese Leute »Betrüger«, die sich auf ihr vermeintliches Wissen etwas einbilden. All denen, die sich nur auf Jesus Christus verlassen, haben diese Menschen nichts mehr zu sagen und vorzuschreiben, denn:

▶ »In Christus wohnt die ganze Fülle der Gottheit leibhaftig.« ◉ *KOLOSSER 2,9*

Geheimnisvoll nennt der Apostel Paulus seine Botschaft an die Kolosser. Gott hat ihm den Auftrag gegeben, dieses Geheimnis, das er bisher vor Menschen und Engeln verborgen gehalten hatte, zu enthüllen. Auf eine kurze Formel gebracht: Das Geheimnis ist Christus. Seinetwegen dürfen auch die Christen in Kolossä darauf hoffen, dass sie Anteil an Gottes Herrlichkeit haben. Sie sollen begreifen, dass Christus in allem der Erste ist, der Frieden schafft mit Menschen und Mächten durch seinen Tod am Kreuz. Das Geheimnis ist gelüftet, denn: ▶ »In Christus liegen verborgen alle Schätze der Weisheit und der Erkenntnis.« ◉ *KOLOSSER 2,3*

Verborgen ist das neue Leben der Christen bei Gott. Nicht leicht zu verstehen ist der Gedankengang, der das beschreibt, was man auch als Erlösung bezeichnet: Der Mensch steht unter der Herrschaft von Sünde und dunklen Mächten. Durch den Tod am Kreuz und seine Auferstehung von den Toten hat Christus diese Mächte besiegt. Wenn sich ein Mensch durch Glaube und Taufe an Christus bindet, kommt auch er wie Christus durch den Tod zum

Leben. Er ist für die Sünde und die dunklen Mächte gestorben und lebt jetzt nur noch für Gott. Spätestens wenn Christus am Ende der Zeit wiederkommt, tritt dieses neue Leben aus der Verborgenheit und wird für alle sichtbar.

Kleiderwechsel ist angesagt

Wie alte Klamotten entsorgt werden, so sollen auch die Kennzeichen des alten Lebens ohne Christus in den Müll. Unzucht, Unbeherrschtheit, Habgier, Hass, Beleidigung und Lüge passen nicht mehr zu einem christlichen Lebensstil. Ein neues Ich ist fällig. So besteht das Outfit des von Gott erneuerten Menschen aus Mitgefühl, Freundlichkeit und Geduld, verbunden mit der Bereitschaft zu vergeben. Tut alles aus Liebe und schaut auf Christus.

Ordnung muss sein

Wenn Christus als das Haupt der Gemeinde regiert, ordnen sich dadurch die Beziehungen der Christen untereinander. Frauen, durch Christus ausgestattet mit neuem Selbstbewusstsein, überheben sich nicht über Männer. Männer, angetan mit einem neuen Verhalten, behandeln Frauen liebevoll und mit Achtung. Für Kinder und Eltern, Herren und Sklaven zählen die alten Unterschiede nur noch bedingt, denn alle sind absolut gleichwertig in ihrer Beziehung zu Christus.

Paulus spricht davon, den neuen Menschen anzuziehen und die alten, schlechten Eigenschaften abzulegen wie alte Klamotten. Wir dürfen Gottes neues Outfit tragen!

Jesus kommt wieder – dann wird alles gut! –

Der 1. Brief des Paulus an die Thessalonicher

Der erste Thessalonicherbrief ist das älteste schriftliche Dokument des Neuen Testaments. Er ist der erste Brief des Paulus, den er wohl von der griechischen Hafenstadt Korinth aus im Jahre 49 geschrieben hat.

Entstehung

Paulus kommt auf seiner *zweiten großen Missionsreise* (siehe Seite 112/113), auf der er von Jesus erzählt und Menschen zu Christen macht, nach Thessalonich. Heute heißt die Stadt Thessaloniki; sie liegt in Griechenland. Zum ersten Mal kommt Paulus nach Europa. Seinen Lebensunterhalt verdient er sich dort (wie auch sonst) durch eigene Arbeit. Nachdem er in Thessalonich in Not geraten war, wird ihm durch finanzielle Unterstützung aus Philippi geholfen.

Wegen ihrer verkehrsgünstigen Lage war die Hauptstadt Mazedoniens schon in alten Zeiten sehr bedeutend (heute ist sie die zweitgrößte Stadt Griechenlands).
Offenbar wurde Paulus später mehrfach daran gehindert, die Gemeinde wieder zu besuchen. Deshalb sandte er seinen Mitarbeiter Timotheus dorthin, der ihm gute Nachrichten überbringen konnte.
Der Brief ist wenige Monate nach der Gründung der Thessalonicher Gemeinde entstanden. Das Verhältnis des Paulus zu ihr ist sehr gut.

Absicht

Als Paulus die Gemeinde in Thessalonich gründete, hat er betont, dass Jesus Christus bald wiederkommen und Gottes Herrschaft aufrichten werde.

Aber jetzt braucht die Gemeinde Rat und Hilfe. Durch den Tod einiger Gemeindeglieder war man unruhig geworden: Stimmt denn das, was Paulus uns da versprochen hat? Paulus will in seinem Brief die Thessalonicher in ihrem Glauben stärken, denn Jesus wird wirklich wiederkommen.

Jesus kommt bald!

Paulus versichert den Gemeindegliedern, dass der auferstandene Jesus Christus, der jetzt bei Gott ist, bald wieder zu den Menschen kommen wird. Er betont, dass die Christen für alle Zeit und Ewigkeit bei Gott sein werden. Weder dem Körper noch dem Geist der Verstorbenen wird etwas zustoßen. Paulus sagt den Fragenden zu: Niemand wird verloren gehen!

Paulus ist wichtig: Christen sollen sich und ihren Glauben im Alltag bewähren. Sie sollen sich gerade in ihrer nichtchristlichen Umwelt positiv als Kinder des Lichts und des Tages verhalten. Genauer: »Betrachtet es als eure Ehrensache, dass ihr ein geregeltes Leben führt. Kümmert euch um eure Angelegenheiten und arbeitet für euren Lebensunterhalt. ... Lebt so, dass ihr denen keinen Anstoß gebt, die nicht zur Gemeinde gehören, und dass ihr niemandem zur Last fallt.« *(1. Thessalonicher 4,11)*

Paulus will, dass wir als Christen ein geregeltes Leben führen. Dazu gehört auch, dass wir unseren Glauben im Alltag – zu Hause und bei der Arbeit oder in der Schule – leben und bekennen.

Nur Geduld! Das Reich Gottes kommt! Bestimmt! –

Der 2. Brief des Paulus an die Thessalonicher

Paulus, Timotheus und Silvanus erscheinen als die Verfasser dieses Briefes. In der jungen Gemeinde herrscht Aufregung: der römische Staat wird immer mächtiger, die Christen haben es schwer in der heidnischen Umgebung. Der Brief möchte den Glauben an den wahren Herrscher der Welt, Jesus Christus, stärken und die Hoffnung auf sein Kommen als gerechter Richter wach halten. Die Christen sollen bis dahin so handeln wie der Apostel: die tägliche normale Arbeit tun!

Es hat Ärger in Thessalonich gegeben. Einige Leute behaupten: ›Das Reich Gottes ist da! Jesus ist wiedergekommen!‹ Andere sagen: ›Jesus kommt morgen, spätestens übermorgen wieder.‹

Man hat sich hier sogar auf angebliche Briefe des Paulus berufen, die diese Meinung stützen würden. Paulus bestreitet, derartige Briefe geschrieben zu haben, und lehnt diese Vorstellungen als »Irrlehre« ab. Ihm ist es sehr wichtig zu betonen, dass die ganz neue Zeit, die durch das Wiederkommen von Jesus Christus anbrechen wird, noch fern ist. – Man bekommt den Eindruck, als habe Paulus diesen 2. Thessalonicherbrief geschrieben, um die Ausführungen in seinem ersten Brief näher zu erläutern. Vielleicht wollte er so in der offenbar zerstrittenen Gemeinde Frieden stiften.

Paulus bezieht in dieser Angelegenheit eine klare Position: Die Wiederkunft von Jesus Christus und damit die ganz neue Welt Gottes wird erst in der Zukunft verwirklicht. Seine Ermahnung zur Geduld fasst er in folgende Worte:

> »Was nun das Kommen unseres Herrn Jesus Christus angeht und unsre Vereinigung mit ihm, so bitten wir euch, liebe Brüder, dass ihr euch in eurem Sinn nicht so schnell wankend machen noch erschrecken lasst ... als sei der Tag des Herrn schon da.« *2. THESSALONICHER 2,1-2*

Paulus ermahnt die Christen: ›Lasst nicht nach im Glauben! Der Widersacher Gottes will euch verführen, anderes zu glauben.‹ Im Gegenzug fordert der Apostel die Gemeinde in Thessalonich auf: ›Tut bis zur Wiederkunft Christi ganz normal eure tägliche Arbeit! Genau so, wie wir es euch vorgemacht haben. Denn wir haben mit Mühe und Plage Tag und Nacht gearbeitet, um keinem von euch zur Last zu fallen.«

Aufgepasst! Irrlehrer! Falsche Freunde! –

Der 1. Brief des Paulus an Timotheus

Die Briefe an Timotheus und Titus fasst man unter der Bezeichnung »Pastoralbriefe« zusammen. Sie richten sich nicht an eine Gemeinde (Römer, Korinther …) und auch nicht an eine Privatperson (Philemon), sondern an Menschen, die verantwortlich eine Gemeinde leiten. Man nannte solche Leute »Hirten« (lateinisch: *pastores*; in manchen Gegenden in Deutschland sagt man auch heute noch »Pastor« zu einem Pfarrer).

Und darum geht es in dem 1. Brief des Paulus an Timotheus:

Absender: Paulus, Botschafter von Jesus Christus.
Anschrift: An Timotheus, der mir (dem Paulus) wie ein Sohn ans Herz gewachsen ist, weil er den Glauben an Jesus treu bewahrt, den ich an ihn weitergegeben habe.

Wahrheit von Jesus Christus gegen falsche Lehren

Achte darauf, dass in der Gemeinde niemand die Menschen verwirrt, indem er irgendwelche Irrlehren verbreitet. Das Zentrum des Evangeliums ist die Liebe und der Glaube.

Das ist ein Grundsatz, den alle annehmen sollten: Jesus Christus ist in die Welt gekommen, um die Gottlosen zu retten. Denn Gott will, dass allen Menschen geholfen wird und dass sie zur Erkenntnis der Wahrheit kommen.

Verhalten in der Gemeinde

Betet für alle Menschen, auch für die Regierenden.

Ich bitte für alle Ärzte, Krankenschwestern und Pfleger, dass sie die Geduld mit den Kranken nicht verlieren und dass sie alle Krankheiten heilen können.

Hilf den Arbeitslosen, die für sie richtige Arbeit zu finden, und auch denen, die eine Wohnung suchen.

Hilf denjenigen, die eine Arbeit oder Prüfung zu bestehen haben.

Gott, ich bitte Dich: Schaffe mehr Gerechtigkeit,

Ich bitte darum, dass die Natur mit ihren Tieren und Pflanzen erhalten bleibt, – sonst stirbt die ganze Welt

Beten hilft nicht erst, wenn sonst nichts mehr hilft. Indem wir für andere beten, nehmen wir teil an ihrem Leben und tragen einen Teil ihrer Lasten. Das bleibt nicht unbemerkt.

Ihr *Männer und Frauen*: Benehmt euch im Gottesdienst würdig!

An die *Bischöfe* ⏸: Ihr habt ein verantwortungsvolles Amt und steht in der Öffentlichkeit. Darum benehmt euch ordentlich! Man soll euch nichts vorwerfen und nichts nachsagen können, was eurem Amt und dem Ansehen der Gemeinde schaden könnte.

Das Gleiche gilt für *Diakone* ⏸. Geh behutsam und rücksichtsvoll um mit den Menschen. Behandle die Älteren wie Mutter oder Vater und die Jüngeren wie Geschwister.

Sklaven sind wie wir (die freien Menschen) gleichberechtigte Geschwister unseres Bruders Jesus Christus. Sie sollen aber darum umso mehr ihren Herren dienen, wenn diese auch Christen sind.

Paulus sorgt sich um Timotheus

Trinke nicht mehr nur Wasser, sondern nimm ein wenig Wein dazu, um des Magens willen, und weil du so oft krank bist.

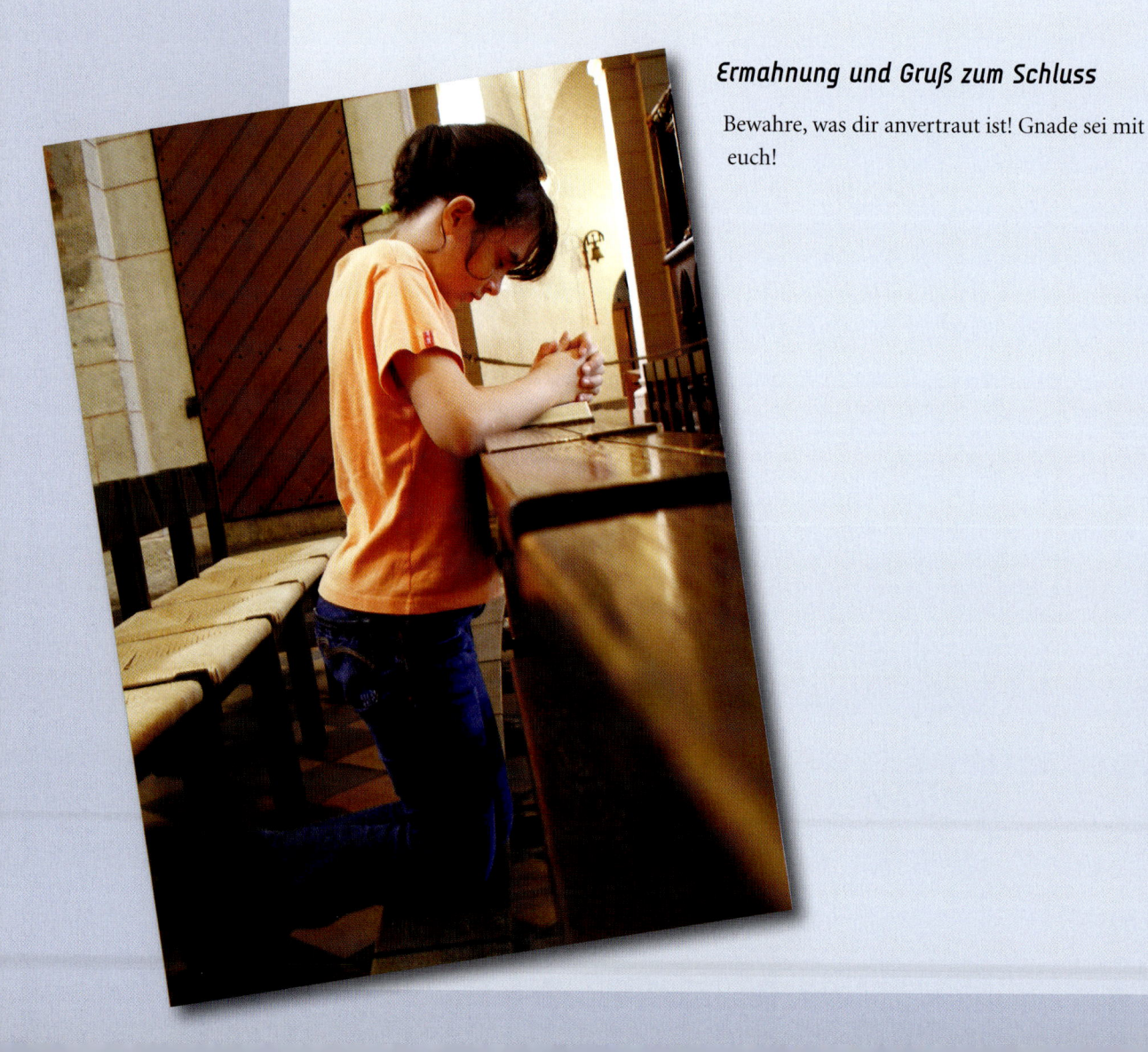

Ermahnung und Gruß zum Schluss

Bewahre, was dir anvertraut ist! Gnade sei mit euch!

⏸ **Bischof/Diakon:** In der frühen Christenheit wurden schon die Leiter von Haus- oder Ortsgemeinden Bischof (wörtlich: »Aufseher«) genannt, später nur noch die Verantwortlichen großer Regionen. Ihnen zur Seite standen Diakone, die sich vor allem um die Versorgung Armer und Bedürftiger kümmern sollten.

Gott gab uns einen Geist der Kraft, der Liebe und der Besonnenheit –

Der 2. Brief des Paulus an Timotheus

Der Brief will das ›Vermächtnis des Paulus‹ sein. Solche Testamente großer Männer waren beliebte Texte; im Neuen Testament findet sich eine Parallele in der Abschiedsrede des Paulus an die Ältesten von Ephesus (Apg 20,17-38). – Paulus fordert Timotheus auf, ihm nachzufolgen, auch wenn dies bedeutet, Angriffe und Verfolgung zu erleiden. Timotheus hat die Aufgabe, das Evangelium zu lehren, dabei wird ihm eingeschärft, die Glaubensüberlieferung des Paulus zu bewahren und sie an zuverlässige Menschen weiterzugeben.

Ratschläge für einen guten Freund

»Gott hat uns nicht gegeben den Geist der Furcht, sondern der Kraft und der Liebe und der Besonnenheit.« 2. TIMOTHEUS 1,7

Schäme dich darum nicht, zu Jesus zu gehören, sondern sei ein Zeuge für das Evangelium von der Liebe Gottes, auch wenn du deshalb leiden musst wie ich. Gott gibt die Kraft dazu.

Gott ist uns gnädig, weil er uns liebt, nicht, weil wir es verdienen. Das war schon am Anfang der Welt so, aber in Jesus ist es uns ein für alle Mal ganz klar vor Augen geführt worden. Denn Jesus hat durch seine Auferstehung dem Tod die Macht genommen und uns das Leben in seiner unbeschränkten Fülle wieder ans Licht gebracht. Durch die frohe Botschaft von Gottes Liebe ist das geschehen.

Sei also stark durch die Gnade, die du in Jesus Christus hast. Nicht einmal der Tod kann dir dann etwas anhaben. Denn sterben wir mit Jesus, so werden wir mit Jesus leben.

So ermahne ich dich: Predige das Wort Gottes und steh dazu. Nimm dein Amt als Leiter der Gemeinde ernst. Fülle es aus, so gut du kannst.

Grüße aus dem Gefängnis

Grüße Priska und Aquila und die ganze Familie des Onesiphorus. Beeile dich, dass du vor dem Winter zu mir kommen kannst.
Viele Grüße von den anderen Brüdern und Schwestern hier.
Der Herr sei mit deinem Geist.
Die Gnade sei mit euch!

Manchmal braucht es Mut, sich zu Jesus zu bekennen, und manchmal braucht es nur ein paar kreative Ideen; Jesus kommt wieder – aber nicht auf einem Draht-Esel …

Einer traut mir etwas zu –

Der Brief des Paulus an Titus

Ein junger Mann erhält Verantwortung für eine junge Gemeinschaft und ihr Glaubensleben. Paulus schreibt ihm einen Brief mit Ratschlägen, eine Art »Checkliste für Gemeindeleiter«.

Paulus beauftragt Titus

Titus soll auf Kreta Älteste in Gemeinden einsetzen und ihnen bei der Einarbeitung in ihr Amt helfen. Sie sollen die Gemeinden leiten.

Die ersten Gemeinden in dem riesigen Gebiet um das Mittelmeer lebten von Menschen, die ihren Glauben an Christus mit ihnen teilten. Im Alltag musste der Glaube tragfähig sein: als Beistand, als Hoffnung, als Richtschnur für das Handeln, als Hilfe zum Leben. Titus steht den Menschen auf Kreta bei. Er zeigt, was es heißt, als Gemeinde für die Sorgen und Ängste der Menschen da zu sein. Und Titus weiß durch diesen Brief ganz sicher: Paulus unterstützt mich, er betet für mich.

Paulus hat Erwartungen an einen Amtsinhaber

Ein Gemeindeleiter soll
- sich an das Evangelium halten,
- unbescholten sein,
- einen ausgeglichenen Charakter haben,
- besonnen, gerecht und gütig sein,
- andere ermahnen und begleiten können.

Der Brief des Paulus an Titus

Paulus gibt Titus Aufträge

- Er soll älteren Männern sagen: Seid *nüchtern* ⏸ !
- Er soll älteren Frauen sagen: Seid ehrbar!
- Er soll den jungen Männern sagen: Denkt nach, bevor ihr redet und handelt!
- Er soll den jungen Frauen sagen: Liebt eure Männer und Kinder!
- Er soll den Sklaven sagen: Tut ehrlich euren Dienst!

Paulus hat Erwartungen an Titus

- Halte dich an den Glauben und die richtige Lehre des Evangeliums!
- Sei ein Vorbild!
- Deine Worte sollen Gutes bewirken!

Es geht Paulus um einen Glauben, der im Leben trägt.
Der Glaube soll lebendig bleiben und sich nicht durch Irrlehren oder Irrmeinungen durcheinander bringen lassen.
Die Gemeinde in Kreta soll durch Titus und ihren Gemeindevorstand im Glauben unterstützt werden und Hilfe für den Umgang miteinander erhalten.

Das Ziel des Paulus

▶ »... ich will, dass ... alle, die zum Glauben an Gott gekommen sind, darauf bedacht sind, sich mit guten Werken hervorzutun. Das ist gut und nützt den Menschen.« ⏹
TITUS 3,8

▶ »Die Gnade sei mit euch allen!« ⏹ TITUS 3,15

⏸ nüchtern:
Mit nüchtern ist viel mehr als nur der maßvolle Genuss von Alkohol gemeint: Gemeindeleiter sollen überlegt, sachlich und nicht aufbrausend oder schwärmerisch sein.

Die Anforderungen an einen Gemeindeleiter sind vielfältig. Er muss ein Ohr für die Jugend haben und gleichzeitig die Probleme und Wünsche der älteren Gemeindeglieder verstehen und berücksichtigen.

Liebesgrüße aus dem Knast –
Der Brief des Paulus an Philemon

Seinen kürzesten Brief schreibt Paulus aus dem Gefängnis an Philemon. Im Zentrum steht das Verhältnis zwischen dem Sklaven Onesimus und Philemon, seinem Sklavenhalter. Onesimus ist Philemon entlaufen, zu Paulus ins Gefängnis gelangt und zum Christentum bekehrt worden. Paulus fordert von Philemon gegenüber seinem christlich gewordenen Sklaven eine Beziehung der Gleichwertigkeit und Brüderlichkeit. Damit schafft Paulus zwar nicht die Sklaverei ab, aber er sieht in dem Christ gewordenen Sklaven einen gleichberechtigten Bruder.

Darum geht's

Der Apostel Paulus sitzt im Gefängnis. Bei ihm ist Onesimus, ein Sklave, der Philemon, einem christlichen Mitbruder, gehörte. Durch Paulus waren beide, der Sklave wie sein Herr, zum Glauben an Jesus gekommen. Onesimus wurde als Sklave von seinem Herrn vermutlich nicht sehr geschätzt. Vielleicht war er sogar geflohen. Um ihn vor einer möglichen harten Strafe zu schützen, verfasst Paulus einen Empfehlungsbrief. Den soll der Sklave nach seiner Rückkehr seinem Herrn überbringen. Von der Überwindung der Gegensätze zwischen Herr und Knecht durch die Liebe Christi berichtet der Brief an Philemon.

Sklaven damals

Menschenhandel und Sklaverei waren in der Antike eine Selbstverständlichkeit. Wer seine Schulden nicht bezahlen konnte oder nach einem Krieg zu den Verlierern gehörte, musste sich mit dem Verlust seiner persönlichen Freiheitsrechte abfinden. Er wurde zur »Handelsware Mensch« und hatte für seinen jeweiligen Herrn zu arbeiten, wobei er ihm absoluten Gehorsam schuldig war. Eine Flucht war äußerst gefährlich und selten erfolgreich. Sie wurde mit schweren Strafen bis hin zum Tod geahndet.

Philemon

Philemon ist ein offensichtlich wohlhabender Mann. In seinem Haus trifft sich regelmäßig eine christliche Gemeinde. Sein Glaube ist tief verankert und wird von beeindruckender Liebe geprägt. Als Herr und Besitzer müsste er den ungehorsamen Sklaven hart bestrafen, als Christ und Mitbruder müsste er ihm verzeihen und ihn freundlich wieder bei sich aufnehmen. Er steht also in einem Konflikt!

Auch heute noch gibt es Menschen, die unter ähnlichen Bedingungen wie damalige Sklaven leben und arbeiten müssen. Viele Tausend Frauen in Asien nähen für einen Hungerlohn und unter katastrophalen Bedingungen Kleidungsstücke für den westlichen Markt, die sie sich selbst niemals leisten können.

Der Brief des Paulus an Philemon

Onesimus

Onesimus wird Christ, als er mit Paulus im Gefängnis sitzt, und arbeitet eine Zeitlang für ihn. Als unnützer Sklave war er von Philemon, seinem Herrn, weggegangen, als Bruder in Christus kehrt er zu ihm zurück. Wie soll er in Zukunft mit seinem Herrn zurechtkommen? Was wird ihn erwarten?

Paulus

Paulus weiß, dass in der Verbindung zu Jesus Christus die sozialen Unterschiede ihre Bedeutung verloren haben. Christen sind alle Kinder des einen Vaters im Himmel. Dadurch sind sie untereinander Brüder und Schwestern im Glauben ohne Ansehen der Person. Dennoch werden die üblichen Gegensätze im gesellschaftlichen Leben weiterhin respektiert. Onesimus bleibt ein Sklave und Philemon ist sein rechtmäßiger Besitzer. Aber die Spannung zwischen Herr und Knecht wird im Geist der Liebe, die beide durch Jesus erfahren haben, aufgehoben. »Nun ist er nicht mehr Sklave, sondern dein geliebter Bruder.« *(Philemon 16)*

So wie in der Antike der Wohlstand der Herren auf dem Rücken der Sklaven errichtet war, ist unser Wohlstand im Westen auf dem Rücken vieler Menschen aus der sog. Dritten Welt entstanden.
Wir haben eine Verantwortung diesen Menschen gegenüber.

Auf Bewährung! –

Der 1. Brief des Petrus

Die christlichen Gemeinden, an die der Brief geschrieben ist, leben als Minderheiten unter anderen Menschen. Sie werden von der restlichen Bevölkerung nicht besonders geschätzt, sondern wegen ihres Glaubens beschimpft, missachtet und sogar verfolgt. Sollen sie ihr Leid still ertragen? Steht ihr Glaube vor einer Bewährungsprobe? – Die Situation wirft viele Fragen auf. Mit seinem Brief will der Apostel Petrus den Verfolgten Mut machen. Wahrscheinlich wurde er als Rundbrief in verschiedenen Gemeinden vorgelesen, deshalb fehlt eine Adresse.

Petrus ruft mit diesem Brief seine Leserinnen und Leser auf:
Lobt Gott, weil er seinen Sohn gesandt hat. Jesus ist für uns – die Gemeinde – gestorben. Petrus spricht der Gemeinde Großartiges zu: Ihr seid das neue Gottesvolk. Damit wissen sie auch, was sie glauben sollen. Das sollen sie nie vergessen.

Petrus sporn die Leserschaft an: Zeigt den anderen, wie man richtig lebt!
▶ »Führt ein rechtschaffenes Leben unter den Heiden.« ◼ *1. PETRUS 2,12*
▶ »Ehrt jedermann, habt die Brüder lieb, fürchtet Gott, ehrt den König!« ◼ *1. PETRUS 2,17*

Gleiches mit Gleichem zu vergelten ist auch auf unseren Schulhöfen oft normal geworden. Petrus fordert uns auf, aus diesem Muster auszubrechen und zu segnen statt zu fluchen – was viel schwieriger ist, als einfach zurückzuschlagen.

Dies bedeutet: Sklaven sollen ihren Herren gehorchen, Frauen sollen sich ihren Männern unterordnen, Männer aber auch ihre Frauen achten.
So sollen sich die Christen den anderen gegenüber vorbildlich verhalten, auch wenn diese sie einschüchtern oder verachten.
Auch untereinander sollen die Christen anständig, ja rücksichtsvoll miteinander umgehen: Die ganze Gemeinde soll gleichgesinnt, mitfühlend, geschwisterlich und barmherzig sein.
▶ »Vergeltet nicht Böses mit Bösem oder Beleidigung mit Beleidigung, sondern segnet vielmehr, weil ihr dazu berufen seid, dass ihr den Segen ererbt.« ◼ *1. PETRUS 3,9*

Sie sollen einander lieben und ihre speziellen Fähigkeiten in die Gemeinschaft einbringen. Werden sie aufgrund ihres Glaubens angegriffen oder gar verfolgt, sollen sie es hinnehmen und ertragen. Denn sie können es!
Die Leiter der Gemeinde ermahnt Petrus, als Vorbild und nicht als Herrscher die Gemeinde zu führen.

Petrus sagt im Vertrauen auf Jesus Christus:
▶ »Alle eure Sorge werft auf ihn, denn er sorgt für euch.« ◼ *1. PETRUS 5,7*

Große Verunsicherung! Wie geht es weiter? –

Der 2. Brief des Petrus

Der 2. Petrusbrief gilt als die jüngste Schrift des Neuen Testaments. Er richtet sich an Menschen, die auf Gott vertrauen und an der Gerechtigkeit festhalten. Der Brief will als das Testament des Apostels Petrus verstanden werden. Das besondere Problem, mit dem der Brief sich auseinandersetzt, ist, dass die verheißene Wiederkunft Christi ausbleibt. Dies deutet der Brief als Zeichen dafür, dass Gott mit den Menschen Geduld hat und will, dass alle Menschen Buße tun. Eine Rettung aller scheint somit möglich. Ein tröstliches Testament!

Unter den ersten Christen war die Erwartung verbreitet, Christus werde vom Himmel sehr bald wieder auf die Erde zurückkehren. Nun behaupten plötzlich viele Menschen: Christus kommt nicht mehr! – Wie sollen wir damit umgehen?

Der Brief sagt:

- Menschen, die das behaupten, sind Irrlehrer, die verurteilt werden.
- Christus wird gewiss wiederkommen.
- Es dauert eine gewisse Zeit, bis er wiederkommt.

▶ »**Wir warten aber auf einen *neuen Himmel und eine neue Erde*** (▶▶ Seite 153) **nach seiner Verheißung, in denen Gerechtigkeit wohnt.**« ◼
2. PETRUS 3,13

Voller Symbole ist diese Darstellung der himmlischen Stadt Jerusalem aus dem 11. Jahrhundert.

Wie sollen wir die Zeit gestalten, bis Christus wiederkommt?

Die wartenden Christen sollen ein christliches Leben führen und heilbringend leben:

> »So wendet alle Mühe daran und erweist in eurem Glauben Tugend und in der Tugend Erkenntnis und in der Erkenntnis Mäßigkeit und in der Mäßigkeit Geduld und in der Geduld Frömmigkeit und in der Frömmigkeit *brüderliche* Liebe und in der brüderlichen Liebe die Liebe zu allen Menschen.« 2. PETRUS 1,5–7

brüderlich: Zur Zeit des Alten und des Neuen Testaments hatten Frauen in der Gemeinde in aller Regel keine Leitungsämter inne. Deshalb werden z.B. die Adressaten in den neutestamtentlichen Briefen nur als »Brüder« angeredet, auch wenn er sich in gleicher Weise an die Frauen richtet.

> »Während ihr darauf wartet, seid bemüht, dass ihr vor ihm unbefleckt und untadelig im Frieden befunden werdet.« 2. PETRUS 3,14

Wann kommt Christus wieder?

Der Verfasser schreibt dazu:
- In den Tagen vor seiner Wiederkunft kommen Spötter. Sie fragen: Wo bleibt er?
- Ihr müsst wissen: »dass ein Tag vor dem Herrn wie tausend Jahre ist und tausend Jahre wie ein Tag.« 2. PETRUS 3,8
- Christus wird sei Kommen nicht hinauszögern, »sondern er hat Geduld mit euch und will nicht, dass jemand verloren werde, sondern dass jedermann zur Buße finde.« 2. PETRUS 3,9

Diese dazu nötige Zeit sollen die Menschen bekommen; aber auch diese kurze Zeit wird vorübergehen. Dann gilt:

> »Es wird aber des Herrn Tag kommen wie ein Dieb.« (Seite 76) 2. PETRUS 3,10

Gott ist Liebe –
Die drei Briefe des Johannes

Die drei Briefe des Johannes haben einen gemeinsamen Inhalt: Gott ist Liebe, er liebt die Menschen wie seine Kinder. Deshalb sollen sie sich auch untereinander lieben. Die Schreiben sind als eine Art Rundbrief verfasst und daher nicht an eine bestimmte Gemeinde adressiert.

Johannes fordert die Christen auf, sich zu ihrem Glauben zu bekennen und einander zu lieben. Er ermutigt sie mit dem Hinweis, dass ihnen ihre Sünden bereits vergeben sind, wenn sie diese bekannt haben.

Die drei Johannesbriefe entlarven die Irrlehrer; denn jene behaupten, Jesus sei nicht der Christus/Messias und nicht der Sohn Gottes. Doch die Gemeinde der Christen weiß von Anfang an: Jesus ist der Christus/Messias, Jesus ist der Sohn Gottes. Sie kennt sein Liebesgebot: ▶ **»Wer Gott liebt, der soll auch seinen Bruder lieben.«** ◻ *1. JOHANNES 4,21*

Jesus Christus und das Liebesgebot stehen in einem engen Zusammenhang: Den Weg zu Gott findet ein Mensch nur dann, wenn er das Gebot der Nächstenliebe befolgt. Dieser Geist soll auch das Leben in den Gemeinden bestimmen, an die sich die Briefe des Johannes wenden:

> ▶ **»Darin besteht die Liebe: nicht, dass wir Gott geliebt haben, sondern dass er uns geliebt hat und gesandt seinen Sohn zur Versöhnung für unsere Sünden. Gott ist die Liebe; und wer in der Liebe bleibt, der bleibt in Gott und Gott in ihm.«** ◻
> *1. JOHANNES 4,10+16*

Die Liebe zu Gott ist nur glaubwürdig, wenn sie auch die Mitmenschen ins Auge fasst. So sollen wir uns untereinander lieben, da Gott die Liebe ist. Wer demnach als Mensch nicht liebt, hat von Gott nichts verstanden.

Auch wenn die Johannesbriefe zunächst nur von »Bruder«-Liebe sprechen, so meinen sie natürlich alle Menschen: Brüder und Schwestern!
Und alle sollen ihre Liebe zu Jesus dem Christus, dem Sohn Gottes zeigen, indem sie Gottes Gebote halten:

▶ **»Unser Glaube ist der Sieg, der die Welt überwunden hat.«** ◻ *1. JOHANNES 5,4*

Liebe

Love

Amour

Amore

Amor

爱情

àiqing

愛

אהבה

محبوب

Einer für alle, das genügt –
Der Brief an die Hebräer

Der Hebräerbrief ist kein Brief im eigentlichen Sinn, sondern ein Lehrschreiben eines unbekannten Verfassers an nicht näher bekannte Christen. Aber so viel kann man sagen: Sie müssen sich gut im Glauben und in der Bibel der Juden (dem Alten Testament) auskennen, denn um den Hebräerbrief zu verstehen, muss man die damalige jüdische Opferpraxis am Tempel in Jerusalem kennen.

Gott hat schon immer zu den Menschen gesprochen, aber zuletzt hat er sich uns durch Jesus Christus mitgeteilt. An Jesus erkennen wir, wie Gott ist. Jesus hat die Versöhnung vollbracht.

Jesus ist über den Engeln

Jesus ist viel höher als alle Engel, die Boten und Diener Gottes. Denn bei der Taufe hat Gott zu Jesus gesagt: »Du bist mein lieber Sohn« (Matthäus 3,17). Die Engel sind Jesus untertan. Ja, die ganze Welt gehört Jesus, auch wenn wir es jetzt noch nicht sehen.

Jesus war Mensch unter Menschen

Nur weil Jesus Mensch geworden ist, konnte er uns von allen Todesmächten der Welt erretten. Er hat unser Mensch-Sein geteilt – bis in den Tod. Er musste uns gleich werden, damit er barmherzig sein konnte und ein treuer Hohepriester vor Gott, der die Sünden aller Menschen sühnt. Der Hebräerbrief begreift das Leben, das Sterben und die Auferstehung von Jesus Christus als hohepriesterlichen Dienst vor Gott, der uns, seinen menschlichen Geschwistern, zugute kommt.

Jesus ist der einzig wahre Hohepriester

Wie der *Hohepriester* (◄ Seite 97) am Tempel in Jerusalem, so erwirkt Jesus die Versöhnung mit Gott für uns. Jesus ist Mensch unter Menschen gewesen. Darum kann er mit uns mitleiden und es ist ihm nichts Menschliches fremd. Aber er ist ohne Sünde und Schuld geblieben.

Das Sühne-Opfer des Hohepriesters Jesus

Jesus hat nicht Tierblut geopfert, sondern er hat sein eigenes Blut zur Sühne geopfert. Darum braucht es auch keine Wiederholung des Opfers mehr – so wie bei den Hohepriestern. Durch das Opfer seines Blutes hat Jesus für uns ein für alle Mal Sühne und Erlösung erworben. Jesus wird nun Vermittler des neuen Bundes zwischen Gott und uns.

Viele Zeugen für den Glauben

▶ »Der Glaube ist eine feste Zuversicht auf das, was man hofft, und ein Nichtzweifeln an dem, was man nicht sieht.« ◻ HEBRÄER 11,1

Durch diese Haltung haben unsere Vorfahren Erfahrungen mit Gott gemacht – und an ihn geglaubt. Durch den Glauben erkennen wir, dass die Welt durch Gottes Wort und Wille geschaffen ist.

Alles, was du siehst, ist aus dem Nichts geschaffen. Wir sind also frei von aller Schuld durch das *Sühnopfer* ⏸, das Jesus dargebracht hat. Darum lasst uns aufeinander acht haben. Tut Gutes! Liebt alle Menschen! Haltet zusammen!

Alle wichtigen Gestalten der Bibel sind Zeugen für den lebendigen Glauben an Gott: Abel – Henoch – Noah – Abraham – Sara – Isaak – Jakob – Josef – Mose – Rahab – Gideon – Barak – Simson – Jeftah bis zu David und Samuel und zu den Propheten. Aber sie mussten warten, bis auch wir mit Gott versöhnt sind.

Letzte Ermahnungen

Bleibt fest in der geschwisterlichen Liebe. Vergesst nicht, gastfreundlich zu sein, denn einige haben dadurch Engel beherbergt, ohne es zu wissen. Denkt an Gefangene und Misshandelte. Haltet die Ehe in Ehren. Geht nicht fremd. Seid nicht geldgierig. Seid zufrieden mit dem, was ihr habt. Denkt an eure Lehrer, die euch das Wort Gottes gesagt haben. Lasst euch nicht irreführen und nicht von der rechten Lehre abbringen.

⏸ Sühnopfer: Sühne bedeutet, dass ein Mensch, dessen Verhältnis zu Gott durch Sünde verletzt wurde, wieder mit Gott versöhnt wird. Dies kann durch ein Opfer geschehen: Am Jom Kippur, dem Großen Versöhnungstag, wurde im Jerusalemer Tempel ein Sühnopfer geopfert und ein »Sündenbock« mit allen Sünden des Volkes in die Wüste geschickt. Allerdings wussten die Juden, dass menschliche Sühneleistungen die Versöhnung mit Gott letztlich nicht bewirken können, sondern ein Zeichen der Anerkennung der Schuld und der Bitte um Vergebung sind.

Für Paulus ist der Glaube wie ein Hydrant, der uns die Zuversicht, die Hoffnung gibt, die wir brauchen, um die Brände unseres Lebens zu löschen.

Den Glauben im Leben verankern –
Der Brief des Jakobus

Nach außen hin vertreten die Christen einen hohen Anspruch. Sie wollen Nächstenliebe üben, soziale Unterschiede aufheben und ein ehrliches und vertrauensvolles Miteinander pflegen. Ihre Lebensweise bringt ihnen aber nicht nur Freude. Sie entdecken, dass ihr Glaube gefährdet ist. Daran ist nicht nur der Druck irgendwelcher Feinde schuld, sondern in erster Linie das eigene Verhalten. Man kann seinen Glauben an Jesus auch entwerten. Er ist dann platt und wertlos wie eine abgestempelte Fahrkarte. Dagegen wendet sich Jakobus mit seinem Brief.

Dumme Gedanken bekommen schnell Nachwuchs. Deshalb sollen die Christen wachsam sein und sich nicht selber etwas vormachen. Wenn etwas im Leben schiefgeht, hat man leicht einen Schuldigen gefunden, nämlich Gott. In Wirklichkeit sind es die eigenen Ideen und Wünsche, die ungute Dinge hervorbringen.

Das Kronenkreuz ist das Symbol der Diakonie.

Zum einen Ohr hinein und zum anderen wieder heraus. So macht man es mit Ratschlägen und Anweisungen, die man als überflüssig abhaken und beiseite schieben will. Christen hören die Botschaft von Jesus Christus auf vielfältige Weise, aber was bleibt davon hängen? Was wird davon in die Tat umgesetzt? Wer Gottes Wort nur hört, aber nicht danach handelt, der ist wie ein Mensch, der sein eigenes Gesicht im Spiegel betrachtet. Er schaut hin, geht weg und hat schon vergessen, wie er aussah. So verhalten sich Leute, die gern das große Wort führen und kernige Sprüche loslassen. Wenn sie aber notleidenden Menschen helfen sollen, dann kneifen sie und wenn es darauf ankommt, sich als Christ zu bewähren, dann ist nichts von ihnen zu sehen. Deshalb gibt Jakobus hier einen wichtigen Tipp: Hört das Wort nicht nur an, sondern handelt auch danach, denn sonst betrügt ihr euch selbst.

Wer anderen etwas gibt, bekommt immer auch etwas zurück. Diese Erfahrung haben viele Menschen gemacht, die in sozialen Berufen tätig sind.

Glaube und Liebe gehören zusammen

Mit einem alten Missverständnis möchte Jakobus hier aufräumen. Viele Leute meinen, es reicht, wenn man den Glauben im Hirn, im Herz, im Bücherschrank oder in mehr oder weniger gescheiten Worten mit sich herumträgt. Das ist ein Glaube ohne Hand und Fuß. Wertlos, sagt Jakobus. Denn wo man Unterschiede macht zwischen Arm und Reich, wo man Menschen, die praktische Hilfe nötig haben, mit frommen Worten abspeist, wo man ihnen das, was sie dringend brauchen, verweigert, da kann man sich die frommen Worte sparen.

▶ »Glaube ohne Werke ist tot.« ◼
JAKOBUS 2,17

Dieser Satz steht im Zentrum des Jakobusbriefes.

Ob jemand seine Worte nicht beherrschen kann oder ob er sich von Neid und falschem Ehrgeiz leiten lässt, ob jemand sich selbst immer an die erste Stelle setzen will oder ob er sich überheblich und selbstgerecht verhält – Jakobus versucht das Übel bei der Wurzel zu packen, indem er von jedem Menschen fordert, ehrlich gegen sich selbst zu sein. Damit Glaube und Leben zusammenpassen, muss man sich Gott unterordnen und gleichzeitig dem Teufel Widerstand leisten.

▶ »Wer nun weiß Gutes zu tun und tut's nicht, dem ist's Sünde.« ◼
JAKOBUS 4,17

Jakobus spricht vom tätigen Christentum. Wir können nicht behaupten, Jesus nachzufolgen, und Armut, Krankheit, Schmerzen und Ungerechtigkeit tatenlos geschehen lassen. Nachfolge verändert nicht nur das Denken – es muss auch das Handeln verändern.

Kämpft für euren Glauben! –
Der Brief des Judas

Der Apostel Judas, ein Bruder von Jesus, schreibt ein Flugblatt gegen Schaumschläger und Schmarotzer.

Falsche Christen ...

... haben so viel Scharfsinn wie ein Rindvieh,

... sind wie Hirten, die eine Weide nur für sich selber suchen,

... machen Versprechungen wie Wolken, die heraufziehen, aber keinen Regen bringen,

... sind wie fruchtlose Bäume, verdorrt und ohne Wurzeln,

... sind wie Meereswogen, die ihre eigene Schande ans Land spülen,

... sind wie Sterne, aus der Bahn geraten und in die Finsternis gefallen.

Viele christliche Gemeinden waren in den ersten fünfzig Jahren nach Christus sehr attraktiv.

Aber es trafen sich dort nicht nur gläubige und selbstlose Leute. Mehr und mehr tauchten auch Typen auf, die der Überzeugung waren, dass es bei den Christen etwas zu holen gab. Zum Beispiel irgendwelche Spinner, die verrückte Ideen über Gott und die Welt, über Engel und Dämonen verbreiteten. Oder eingebildete Angeber, die sich mit religiösen Phantasien wichtig machen wollten. Ein breites Spektrum von so genannten Irrlehrern war in den einzelnen Gemeinden vertreten. Diese Randfiguren des christlichen Glaubens versuchten überall, wo sie auftauchten, Einfluss zu gewinnen. Sie wollten die Gemeinden beherrschen und sich persönlich bereichern. Dabei waren sie recht großzügig in ihrem Lebensstil. Sie setzten sich vor allem in sexuellen Dingen über viele Gebote und anerkannte Regeln hinweg.

Eindringlich mahnt Judas die Christen für den überlieferten Glauben zu kämpfen. Mit abschreckenden Beispielen aus dem Alten Testament macht er deutlich, dass diese verdrehten Typen, die sich in die Gemeinden eingeschlichen haben, Gottes Güte missbrauchen, um ein zügelloses Leben zu führen. Deshalb droht ihnen das Gericht Gottes. Weil diese Leute die Gemeinden durcheinanderbringen und spalten, sollen die Glaubenden auf der Hut sein und sich von ihnen distanzieren. Gleichzeitig sollen sie aber für sie beten, sollen barmherzig mit den Zweifelnden umgehen und die unsicher Gewordenen korrigieren.

Nicht jeder Weg und jede Methode führen zu Gott. Für manche Wege zeigt Gott deutlich ein Stopp-Schild. Selbstsucht, verrückte Theorien und Irrlehren stiften Spaltung und Unfrieden.

Ein neuer Himmel und eine neue Erde –
Die Offenbarung des Johannes

Die Offenbarung des Johannes ist ein besonderes Buch. Sie wird auch Apokalypse genannt. Das bedeutet: Entschleierung, Enthüllung. Johannes, der Seher, sieht, was kommen wird. Er schreibt nieder, was er ›sieht‹ und ›hört‹. Er legt offen, wie die Gegenwart und die Zukunft aussehen. In der Gegenwart herrscht Gewalt, unter der besonders die jungen christlichen Gemeinden zu leiden haben. Gewaltsam, so ist der Blick in die Zukunft, wird diese Macht beendet und eine neue Welt ohne Gewalt von Gott geschaffen werden: am Ende der Welt eine neue Welt.

Johannes, der Seher und Schreiber der Offenbarung, lebt auf einer Insel. Er liest eifrig die jüdische Bibel, das Alte Testament. Und dabei sieht er das, was er liest, neu: neu für seine Zeit und neu für ihn selbst.

Seine Zeit ist eine Zeit der Christenverfolgung. Die römische Staatsmacht verfolgt Christen. Wer sich zu Gott oder Christus bekennt und wer sich weigert, den Kaiser als Gott zu verehren und den römischen Göttern Opfer zu bringen, wird angeklagt. Wer verurteilt wird, wird in die Arena geworfen, zum Kampf auf Leben und Tod mit Gladiatoren oder wilden Tieren. Viele Christen werden so getötet. Und für die Bevölkerung gibt es ein Schauspiel. Christen nennen die, die auf diese Weise sterben, Märtyrer. Das heißt: Zeugen. Zeugen für Christus, Blutzeugen. Die niemals selbst Gewalt anwenden, sondern Opfer von Gewalt werden.

In seiner ersten Vision sieht Johannes sieben Leuchter. Und einen besonderen Menschen, den »*Menschensohn*«(◀◀ Seite 96). Damit ist Christus gemeint, der sich selbst »Menschensohn« genannt hat.

Die sieben Sendschreiben

Johannes erhält den Auftrag, an sieben Gemeinden Briefe zu schreiben. Es sind dies die Gemeinden in Ephesus, Smyrna, Pergamon, Thyatira, Sardes, Philadelphia und Laodizea in Kleinasien, der heutigen Türkei.

In seiner nächsten Vision sieht er einen Mann auf einem Thron, Gott selbst, umgeben von vier Wesen mit je einem

Seit jeher beschäftigt den Menschen die Frage nach dem Ende der Welt. Hollywood zeigt in dem Klima-Katastrophen-Thriller »The Day after Tomorrow« eine sehr drastische, aber auch realistische Vision des Untergangs.

Löwen-, Adler-, Stier- und Menschengesicht. Um den Thron versammelt sind 24 Älteste. Zwölf sind die Vertreter der zwölf Stämme Israels: das Gottesvolk; zwölf sind die Vertreter der zwölf Apostel: das neue Gottesvolk, die Kirche. Beide stehen gemeinsam vor Gott.

Johannes sieht *ein Lamm* (⏪ Seite 13, 15, 21) »*wie geschlachtet*«. Das ist das Geheimzeichen für alle Christen: Es ist Jesus Christus – geschlachtet wie ein Passalamm, ein Opfertier, zur Vergebung der Sünden, aber eben doch nur »wie geschlachtet«, da er ja in Wahrheit am Kreuz gestorben ist.

Ein Buch mit sieben Siegeln

Das Lamm allein ist würdig, ein Buch mit sieben Siegeln zu öffnen.
Nacheinander werden die Siegel geöffnet. Bei jedem Öffnen eines Siegels geschieht etwas Gewaltiges:

Das erste Siegel wird geöffnet: Ein Reiter auf einem weißen Pferd erhält eine Krone.
Das zweite Siegel wird geöffnet: Ein Reiter auf einem feuerroten Pferd erhält das Recht, Krieg zu führen.
Das dritte Siegel wird geöffnet: Ein Reiter auf einem schwarzen Pferd bringt eine Inflation (Teuerung).
Das vierte Siegel wird geöffnet: Ein Reiter auf einem fahlen Pferd – es ist der Tod.
Das fünfte Siegel wird geöffnet: Die Seelen der Märtyrer werden getröstet.
Das sechste Siegel wird geöffnet: Ein Erdbeben geschieht; Himmel und Erde vergehen.
Das siebte Siegel wird geöffnet: Schweigen im Himmel für eine halbe Stunde.

Sieben Engel erhalten eine Posaune. Die Engel blasen die Posaunen.

Das »Buch mit sieben Siegeln« ist bis heute in unserem Wortschatz präsent und bezeichnet etwas, das uns völlig unverständlich ist.

Die sieben Posaunen des Gerichts

Die erste Posaune bewirkt: Hagel und Feuer auf einem Drittel der Erde.
Die zweite Posaune bewirkt: Blut auf einem Drittel der Erde.
Die dritte Posaune bewirkt: Wasser verwandelt sich in Wermut auf einem Drittel der Erde.
Die vierte Posaune bewirkt: Ein Drittel der Sterne wird finster.
Die fünfte Posaune bewirkt: Plagen durch Heuschrecken.
Die sechste Posaune bewirkt: Ein himmlisches Engelheer bekriegt die Erde.
Die siebte Posaune bewirkt: Das Allerheiligste wird sichtbar – die Bundeslade ist im himmlischen Tempel.

Drachenkampf

Johannes hat noch eine Vision. Er sieht eine Frau, die ein Kind bekommt. Aber ein Drache will das Kind und die Frau verschlingen. Johannes meint damit: Das Kind ist der Messias, Christus. Die Frau ist die Mutter des Messias, Maria. Die einfache Frau aus dem Gottesvolk Israel. Der Drache – das ist das Zeichen für den römischen Staat. Der Staat will die Christen vernichten. Der Staat will Christus vernichten. Die Römer haben ja Christus kreuzigen lassen. Aber der Drache wird besiegt durch den Engel Michael. Das Römische Reich wird zerstört werden.

Das ist die Botschaft des Johannes an die leidenden Christen: Euer Leid wird enden – auch wenn jetzt noch die Christen von Rom verfolgt werden.

Der Sieg des Lammes

Johannes sieht: Nicht die Römer werden herrschen, sondern Christus, das Lamm. Es sitzt schon jetzt auf dem Thron im Himmel. Das Lamm, Christus, ist der wahre Herrscher. Darum wird er jetzt schon im Himmel verehrt. Als wahrer Herrscher der Welt.

Ein neuer Himmel und eine neue Erde

Johannes sieht in die fernste Zukunft:
Einst wird es einen neuen Himmel geben und eine neue Erde.
Gott selbst wird bei den Menschen wohnen, mitten unter ihnen.
Der Tod wird nicht mehr sein.
Keine Tränen mehr. Kein Leid mehr.
Gott selbst wischt die Tränen ab von den Augen der Menschen.
Und: Jesus wird wiederkommen.
Als der wirkliche Herrscher dieser Welt.

Die letzten Worte der Bibel

Johannes ruft:
»Amen, ja, komm, Herr Jesus! Die Gnade des Herrn Jesus sei mit allen!«
OFFENBARUNG 22,20-21

Wie man das Bibellesen beginnen kann

Es gibt viele Gründe, die Bibel zu lesen

Jugendliche haben auf die Frage, warum sie in der Bibel lesen, Folgendes geantwortet:
- »weil mir die Geschichten so gut gefallen«
- »weil sie meinen Alltag erleichtert und bereichert«
- »weil ich immer wieder etwas für mich Passendes finde«
- »weil es zum Leben dazu gehört«
- »weil mir die Bibel Mut macht und mich tröstet.«

Es gibt sicher noch viel mehr gute Gründe die Bibel zu lesen. Und vielleicht hast auch du deinen ganz eigenen Grund. Oder du möchtest zunächst einmal herausfinden, was dir die Bibel zu sagen hat. Im »Kursbuch Bibel« hast du einen ersten Einblick bekommen. Aber die Bibel ist, wie du weißt, ja viel dicker. Wie kann man sich da zurechtfinden? Wir machen ein paar Vorschläge:

Verschaffe dir einen Überblick

Nimm eine Bibel und blättere darin. Vielleicht hast du eine »Lutherbibel nach der revidierten Fassung von 1984« in der Hand. Dieser Ausgabe sind die Zitate der »Kursbuch Bibel« entnommen. Du kannst aber auch eine andere Ausgabe nehmen, z.B. die Einheitsübersetzung, die Zürcher Bibel, Die Gute Nachricht usw.

Meistens findest du ganz vorne ein Inhaltsverzeichnis. Da stehen alle biblischen Bücher in der Reihenfolge, wie sie in der Bibel abgedruckt sind. Außerdem gibt es ein Verzeichnis mit Abkürzungen – so wie die einzelnen Bücher in der Bibel der Einfachheit halber abgekürzt sind.

Wenn du hinten blätterst, findest du in vielen Bibelausgaben einen Anhang. Da gibt es zum Beispiel Erklärungen schwieriger Wörter, eine Zeittafel zur biblischen Geschichte, ein Stichwortverzeichnis (Konkordanz) und Landkarten.

In manchen Bibeln findest du vorne oder hinten auch ein Blatt, auf dem man selber wichtige Familienereignisse eintragen kann: Taufe, Heirat, Tod. Das zeigt, dass eine Bibel das Leben der Menschen über mehrere Generationen hinweg begleiten kann.

Schau dir den Bibeltext genau an

Jedes Buch der Bibel ist in Kapitel und Verse eingeteilt. Dadurch findet man sich leichter zurecht. Wenn du irgendwo die Abkürzung »Ps 22,1-3« liest, weißt du, dass du den Psalm 22 nachschlagen und die ersten drei Verse lesen sollst. Versuche es einmal; den Text kennst du …

Wähle dir ein Buch oder eine Geschichte aus

Man kann überall in die Bibel »einsteigen«! Du kannst mit dem kleinsten Buch anfangen. Das ist der Brief des Paulus an Philemon. Auch klein – aber vielleicht spannender – ist das

Buch vom Propheten Jona. Oder du fängst mit einem Evangelium an, zum Beispiel mit Lukas; da wird dir schon am Anfang manches bekannt vorkommen. Du kannst dir aber auch eine Person aussuchen, z.B. Josef oder Rut oder David. Die Stellen, an denen sie vorkommen, findest du im Stichwortverzeichnis deiner Bibel, einer Bibel-Konkordanz (einem Verzeichnis mit allen Namen und Wörtern, die in der Bibel vorkommen) oder im Internet. Die meisten Bibelausgaben haben Hervorhebungen von Kernsätzen. Du kannst beim Blättern auf solche Stellen achten und weiterlesen, wo es dich interessiert. Natürlich kannst du auch einfach ganz vorne anfangen ...

Was beim Lesen passieren kann

Beim Lesen taucht man in eine andere Welt ein. Man sieht auf einmal die Menschen vor sich, von denen erzählt wird. Dann kann es sein, dass sie dir vertraut werden und du feststellst: Sie denken und fühlen ähnlich wie du.

Manche Texte der Bibel werden dir fremd sein oder du kennst manche Worte nicht. Da ist es hilfreich, sich zu informieren (z.B. in einem Bibellexikon) oder jemanden zu fragen, der dir vielleicht weiterhelfen kann.

Andere Texte sprechen dich vielleicht so an, dass du unbedingt mit anderen darüber reden möchtest. Nur zu, rede mit deinen Freundinnen und Freunden darüber, in der Schule, zu Hause oder einem Jugend-Bibelkreis.

Und noch etwas: Mit dem Bibellesen ist es nicht wie bei einem Roman. Man kann regelmäßig oder nur gelegentlich darin lesen, man kann sie von vorne nach hinten oder kreuz- und quer lesen – »fertig« wird man mit der Bibel nie. Und man kann immer damit anfangen!

Die Autorinnen und Autoren des Buches:

Mein Lieblingsbuch in der Bibel ist ...

... das Buch der Psalmen

Wenn man die Bibel in die Hand nimmt und in der Mitte aufschlägt, dann landet man bei den Psalmen. Das ist kein Zufall, finde ich. Die Psalmen sind für mich das Herz der Bibel. Sie haben mich schon mein ganzes Leben lang begleitet. Als ich klein war, beteten wir zu Hause immer als Tischgebet: »Danket dem Herrn, denn er ist freundlich und seine Güte währet ewiglich« (Psalm 107). Später im Kinderchor sangen wir: »Herr, deine Güte reicht, so weit der Himmel ist, und deine Wahrheit, so weit die Wolken gehen« (Psalm 36). Viele Psalmverse verbinde ich mit Melodien, ich kann sie auswendig, weil ich sie singen kann. Unser Trautext, die Taufsprüche unserer Kinder, sie stammen aus den Psalmen. Und in den Zeiten, als ich meinen Vater und später dann meinen Bruder verloren habe, haben mich Psalmtexte am meisten getröstet.

Stefanie Fischer-Steinbach

... der zweite Teil des Propheten Jesaja

1. weil in diesem Buch viel Tröstliches steckt und mich die Worte des zweiten Jesaja immer wieder ermutigen, und
2. weil dieses Buch mit den Liedern vom Gottesknecht eine wichtige Verbindungslinie zieht zwischen dem Alten und dem Neuen Testament.

Martin Haßler

... das Buch des Propheten Jeremia

Dieser Mann imponiert mir. Er lebt in einer aufgewühlten Zeit. Er mischt sich ein: in die Innen- und Außenpolitik. Er hat keine Angst davor, sich kritisch zu äußern. Er sagt es laut, wenn jemand Unrecht tut. Er geht an die Öffentlichkeit, wenn jemand heimlich Böses tut. Er fühlt sich von Gott berufen und nur ihm verpflichtet. Er ist unbestechlich, wahrheitsliebend, radikal, wenn es um Gottes Willen geht. Dafür wird er verfolgt. Das bewundere ich an ihm: er steht zu dem, was er im Namen Gottes sagt und nimmt auch die Konsequenzen auf sich. Er erlebt Verhaftung, Gefangenschaft, Folterung. Und er erlebt, dass das, was er im Namen Gottes sagt, eintritt: Krieg und Zerstörung wegen menschlicher Schuld. Ich finde es großartig, wenn jemand so konsequent ist und nicht klein beigibt, wenn er angegriffen wird. Und Jeremia ist für mich glaubwürdig. Er ringt mit Gott, klagt ihn an, weil Gott ihm so viel zumutet an Verfolgung und Ärger. Aber er hält an Gott fest. Gerade weil das nicht so einfach und leicht für Jeremia ist, ist es überzeugend. Er muss nicht nur nach außen kämpfen, sondern auch mit sich und seinem Glauben. Gerade weil er darum ringt, ist er zutiefst menschlich. Und weil er durch das Ringen hindurch seinen Glauben bewahrt, ist er für mich ein faszinierender Mann.

Jürgen Kegler

... das Buch Genesis

Das erste Buch der Bibel ist zugleich mein Lieblingsbuch in der Bibel. Mag sein, dass es die Geschichten von Josef und seinen Brüdern waren, die mir schon in der Kindheit dieses Buch nahe gebracht haben. Vielleicht waren es aber auch Konfliktgeschichten wie die Rivalität der Brüderpaare Kain und Abel, Esau und Jakob, die mich bis heute faszinieren. Am besten gefällt mir freilich die Geschichte von Adam und Eva im Paradies, wie sie in den Kapiteln 2 und 3 erzählt wird: für mich ein Höhepunkt der Weltliteratur!

Manfred Kuhn

... die Bücher Samuel und Könige

Die Geschichten von Samuel, Saul und David sind bei mir noch als Erinnerungen aus dem Kindergottesdienst und vom Religionsunterricht wach. Das Nachlesen und meine eigene Auseinandersetzung verankert diese Geschichten noch mehr.
Heute als erwachsener Mann und Vater erfahre ich selbst, dass es immer wieder ein Suchen ist, wie ich den Herausforderungen des Lebens begegne und welche Entscheidungen ich treffe – auch wie ich mit den Wegen unserer Söhne umgehe. Die Bücher Samuel nehmen mich ganz eindrücklich in eine lange, ganz menschliche Geschichte – ja, in einen Beistand Gottes hinein. Entscheidungen werden mir nicht abgenommen – aber ein »Rechnen« und Streiten mit einem lebendigen Gott weitet die Wege und gibt immer wieder eine hoffnungsvolle neue Perspektive. Ich hoffe sehr, dass ich immer wieder wie Samuel sagen kann: Rede, Herr, denn dein Knecht (Menschenkind) hört (1. Samuel 3,10) ... und gib mir für meinen nicht immer einfachen Weg Gelassenheit und Freude!

Uly Steinhilber-Schlegel

... das Johannesevangelium

In diesem Buch stellt Jesus sich persönlich vor: »Ich bin ...« sagt er ganz oft. Damit macht er kernige Aussagen über sich selbst, über den Auftrag, den er von Gott hat, über seine Ziele und über sein Tun. Verbunden ist das Ganze meistens mit viel action, mit Zeichen und Wundern. Nirgendwo in der Bibel habe ich Jesus besser kennen und verstehen und lieben gelernt als im Johannesevangelium. Richtig gepackt hat mich die Szene aus Johannes 7,37–39:
»Wer an Jesus glaubt, von dessen Leib werden Ströme lebendigen Wassers fließen.« Dadurch habe ich einen der stärksten Impulse bekommen, aus mir herauszugehen und meinen Glauben durch meinen Beruf und mein persönliches Leben anderen Menschen nahe zu bringen.

Rolf Tönges

... der Prophet Elia

In der Bibel gibt es für mich eine Person, die ich sehr bewundere und die mich zugleich immer wieder herausfordert, über die ich gerne in der Bibel lese und die ich sogar zu einem Prüfungsthema am Ende meines Theologiestudiums gemacht habe: Es ist der Prophet Elia. Sein hebräischer Name bedeutet auf Deutsch: »Jahwe ist mein Gott«. Und für seinen Gott setzt er sich absolut und entschieden ein, auch wenn er Leid und Entbehrungen erfährt. Er ergreift Partei für ihn und zeigt Baal und seinen Anhängern die Stirn. Ich kann mit Elia sagen: Jahwe ist mein Gott, aber mich wie Elia für Gott einzusetzen, dazu fehlt mir manchmal der Mut, die Kraft oder die Entschlossenheit. Dann erinnere ich mich an Elia – er ist ein gutes Vorbild!!!

Heike Vierling-Ihrig

Stichwortverzeichnis

Hier findest du alle Begriffe, die auf der angegebenen Seite in der Randspalte des Buches erklärt werden.

Apollos	119	
Assyrer	35	
Babylonier	35	
Babylonische Gefangenschaft	38	
Bergpredigt	90	
Beschneidung	22	
Bischof	136	
brüderlich	144	
Bundeslade	14	
Christus	95	
Diakon	136	
Gleichnis	94	
Götzenopferfleisch	110	
Hohepriester	97	
Hoherat	104	
Ich-bin-da-für-euch	12	
Isai	58	
Jahwe	34	
Jesus Christus	89	
Johannes der Täufer	94	
Jotams-Fabel	25	
Jünger	94	
Kollekte	121	
Kult	17	
Manna	13	
Menschensohn	96	
Mundschenk	10	
nüchtern	139	
Opfer	39	
Passa	103	
Pharisäer	101	
Pogrom	42	
Sadduzäer	114	
Samariter	103	
Segen	17	
Siegelring	84	
Sintflut	6	
Sühnopfer	147	
Tag des Herrn	76	
Taufe	93	
Tochter meines Volkes	63	
Tora	37	
Urgemeinde	121	
Wallfahrt	21	
Zehnter	86	
Zion	56	
Zisterne	10	
Zweistromland	7	

Quellennachweis

BILDRECHTE
Hinweis: Nicht in allen Fällen war es uns möglich, die Rechteinhaber der Abbildungen ausfindig zu machen. Berechtigte Ansprüche werden selbstverständlich im Rahmen der üblichen Vereinbarungen abgegolten.

5 Werbemotiv »Wir wünschen mit Adam und Eva, dass der Mensch sich sein Paradies auf Erden schafft«. © Horst Wackerbarth, Düsseldorf. – 5 Foto unten: Archiv. – 6 (Zikkurat:) Archiv; (San Gimignano/Toskana:) Archiv; (Hochhäuser New York:) Entwurf für neues World Trade Center von Daniel Libeskind. © picture-alliance/dpa. – 8/9 (Amun und Horusfalke:) Archiv (Karawane:) www.wuestenwandern.de. – 11 Foto: Rühl. – 12 Foto: Rühl. – 13 Fotos: © picture-alliance/dpa; epa efe Manuel Lerida. – 14 Collage: Rühl. – 15 (Kerzen:) Ilona Lauferswiler/www.pixelio.de; (Geld:) www.pixelio.de. – 16 Foto: © Werner Kuhnle. – 17 Wolfgang Schlag/www.pixelio.de. – 18 (Honiglöffel:) motograf/www.pixelio.de; (Landschaft:) Rainer Sturm/www.pixelio.de. – 19 Fotos: © Vorndran/Schalomnet. – 20 (Schwerter zu Pflugscharen:) © picture-alliance/dpa; (Mondgott:) Archiv. – 21 Foto: © Vorndran/Schalomnet (Laubhüttenfest). – 23 Karte: Rühl. – 24 Foto: Bundesregierung.de. – 25 Filmplakat: © Deutsches Filminstitut DIF e.V. / Deutsches Filmmuseum, Frankfurt am Main. – 26 Foto: © akg-images. – 27 Foto: Rühl. – 28/29 Fotos: Rühl. – 30 Foto: Robert Babiak/www.pixelio.de. – 31 Bildvorlage: © akg-images. – 32 Grafik: C. Fischer © Calwer Verlag. – 33 Foto: Rühl. – 34 Foto: Torsten Lohse/www.pixelio.de. – 35 Bildvorlage: Archiv. – 36 BigFoto.com. – 37 BigFoto.com. – 39 Karte: Rühl. – 40 Foto: © picture-alliance/ZB; Waltraud Grubitzsch. – 41 Foto: © Vorndran/Schalomnet. – 43 Foto: © picture-alliance/dpa; Steffen Kugler. – 44 Foto: © picture-alliance/dpa/dpaweb; Wolfgang Weihs. – 45 Foto: Dietermann/www.pixelio.de. – 46 Foto: Getty Images. – 47 (Wolkenhimmel:) www.pixelio.de; (Wartburg:) D. G. Pietsch/www.pixelio.de. – 48 Foto: © picture-alliance/dpa; epa Thew. – 49 Graffitti: www.farbsucht.de. – 50 Foto: Hardy/www.pixelio.de. – 51 Foto: Stephanie Hofschläger/www.pixelio.de. – 52 Foto: www.pixelio.de. – 53 (Paar oben:) www.pixelio.de; (Paar auf Brücke:) Cornelia Hautumm/www.pixelio.de; (Paar auf Brüstung:) Paul-Georg Meister/www.pixelio.de; (Verkehrszeichen:) ulikat/www.pixelio.de. – 54 Collage: Rühl. – 57 (UN-Denkmal:) © picture-alliance/dpa; Scholz; (Weinberge:) Rainer Sturm/www.pixelio.de. – 58 Foto: Holger Hecklau/www.aboutpixel.de – 59 Foto: PhotoAlto. – 60 Foto: www.pixelio.de – 61 Bücherverbrennung © ullstein-bild - imagno. – 62 Thomas Max Müller/www.pixelio.de. – 63 Karl Hofer, Der Rufer, 1922, Nachlass Karl Hofer, Köln. Foto: akg-images. © VG Bild-Kunst, Bonn 2009 – 64 Foto:HolyLandPhoto.org. – 65 Foto: Wolfgang Zwickel. – 66 Grafiken: Rühl. – 67 Foto: © picture-alliance / ZB, Foto: Trenkler. – 68 Foto: © picture-alliance / NHPA/photoshot; Nigel J. Dennis. – 69 Sternenhimmel: Adolf Rieß/www.pixelio.de. – 71 Foto: Ute Bibow/www.pixelio.de. – 72 Foto: © picture-alliance/NHPA/photoshot/Hellio & Van Ingen. – 73 Foto: Rühl. – 74 Foto: Rühl. – 75 Foto: © picture-alliance/dpa; Patrick Seeger. – 76 Foto: © agentur für laif. – 77 Foto: © picture-alliance. – 80 Foto: © picture-alliance. – 81 (Bogenschützen, spätassyrisch:) © akg-images. – 82 Foto: Rühl. – 83 Foto: © picture-alliance/dpa; Tass Uzakov, Sergei. – 84 (Bilder Marginalspalte:) Calwer Bibellexikon; (Siegel:) Andreas Müller/www.pixelio.de. – 85 Foto: Rühl. – 86/87 bigmama/www.pixelio.de. – 88 Collage: Rühl. – 91 Foto: © Werner Kuhnle. – 92 Fotos: Rühl. – 93 Foto: HolyLandPhoto.org. – 95 (Mensa Christi:) HolyLandPhoto.org; (Schule:) © picture-alliance / dpa, Foto: Oliver Berg. – 96 Fotos: HolyLandPhoto.org. – 97 HolyLandPhoto.org. – 98 Foto: HolyLandPhoto.org. – 99 (Stern von Bethlehem:) Gabler; jüdischer Junge © Editions Assouline, Paris. – 100/101 Foto: HolyLandPhoto.org. – 102 Foto: Anna-Lena Ramm/www.pixelio.de. – 103 Foto: © picture-alliance/dpa; Bernd Thissen. – 104 Foto: Rühl. – 105 Fotos: Rühl. – 106 (Brot:) www.pixelio.de; (Kreuz:) Gerd Altmann/www.pixelio.de; (Tür:) R. Krause/www.pixelio.de; (Schafe:) Manfred Jansen/www.pixelio.de; (Baby:) Hans Kasten/www.pixelio.de; (Weg:) Dirk Schmidt/www.pixelio.de; (Wein:) Petra K./www.pixelio.de. – 107 Foto: © picture-alliance/Helga Lade Fotoagentur GmbH Ger; J. Günther. – 108 Foto: Nicolai Rühl. – 109 (Spinne, Nashornkäfer, Weichkäfer:) Gitti Moser/www.pixelio.de; (Skorpion:) Manfred Schütze/www.pixelio.de. – 110 Tür:) R. Krause/www.pixelio.de; (Akropolis:) www.HolyLandPhotos.org. – 111 Screenshots: Rühl. – 112/113 Karte: Rühl; Fotos: www.HolyLandPhotos.org. – 114 Foto: Archiv. – 115 Foto: www.HolyLandPhotos.org. – 116 Luther-Cartoon: Rühl. – 117 (Titusbogen:) www.HolyLandPhoto.org; (Römer:) Christian Stein/ www.pixelio.de. – 118 TimesSquare: Reto Fetz/www.pixelio.de. – 119 (Trauung:) www.pixelio.de; (Christival:) www.wiedemeier-kommunikation.de; (Sternsinger:) Christian Plangger/ www.pixelio.de – 121 Foto: www.pixelio.de. – 122 Foto: www.wikipedia.org. – 123 PhotoDisc. – 124 Foto © Bildarchiv Preußischer Kulturbesitz. – 125 PhotoDisc. – 126 Foto: Fabian Vosswinkel/www.pixelio.de. – 127 (Paar:) PhotoAlto; (Familie:) PhotoAlto; (Chef:) PhotoDisc. – 128 Foto: Jochen Sievert/www.pixelio.de. – 129 Foto: © picture-alliance/dpa; Fredrickson Erichsen. – 131 (Schaufenster:) Paul Georg Meister/www.pixelio.de; (Hose:) Rühl. – 132/133 (Bild 1:) Foto: Werner Kuhnle; (Bild 2:) PhotoDisc; (Bild 3:) AOK-Mediendienst; (Bild 4:) PhotoDisc; (Bild 5:) PhotoDisc. – 134 Foto: Rühl. – 136 Foto: Claudia Hautumm/www.pixelio.de. – 137 Foto: Ingo Döhring/ www.pixelio.de. – 138 Foto: picture-alliance/dpa. – 139 Zeichnung: Rühl. – 140 Foto: Gerd Wolf/ www.pixelio.de. – 141 Bild 1: www.workingmansdeath.com; (Nudeln:) Mike Frajese/ www.pixelio.de. – 142 Foto: Rühl. – 144 Foto: www.pixelio.de. – 146 Foto: Matthias Pätzold/www.pixelio.de. – 147 Foto: Carola Langer/www.pixelio.de. – 148 Foto: © Werner Krüper. – 149 Bild 1: Malteser; Bild 2: Malteser; Bild 3: Bundesamt für den Zivildienst; Bild 4: Bundesamt für den Zivildienst. – 150 Foto: Tommy Weiss/www.pixelio.de. – 151 Foto © picture-alliance/dpa-Film Fox. – 152 Fotocollage: Rühl. – 154 Fotos: privat.

TEXTRECHTE
Bibeltext: Lutherbibel, revidierter Text 1984, durchgesehene Ausgabe in neuer Rechtschreibung, © 1999 Deutsche Bibelgesellschaft, Stuttgart.
S. 47 »Ein Vertrauenspsalm«, aus: Heide Rosenstock / Hanne Köhler: Du, Gott, Freundin der Menschen, © Kreuz Verlag, Stuttgart 1991. – S. 48 Aus: Ernesto Cardenal, Psalmen. Peter Hammer Verlag Wuppertal, Neuausgabe 2008.

ISBN 978-3-7668-4109-4 (Calwer)
ISBN 978-3-438-04064-0 (Deutsche Bibelgesellschaft)
ISBN 978-3-425-07680-5 (Diesterweg)

© 2009 by Calwer Verlag, Stuttgart,
Deutsche Bibelgesellschaft, Stuttgart,
Bildungshaus Schulbuchverlage Westermann Schroedel Diesterweg
Schoeningh Winklers GmbH, Braunschweig

www.calwer.com
www.dbg.de
www.diesterweg.de

Das Werk und seine Teile sind urheberrechtlich geschützt. Jede Nutzung in anderen als den gesetzlich zugelassenen Fällen bedarf der vorherigen schriftlichen Einwilligung eines der Verlage.
Hinweis zu § 52 a UrhG: Weder das Werk noch seine Teile dürfen ohne eine solche Einwilligung gescannt und in ein Netzwerk eingestellt werden. Dies gilt auch für Intranets von Schulen und sonstigen Bildungseinrichtungen.
Haftungshinweis: Trotz sorgfältiger inhaltlicher Kontrolle wird die Haftung für die Inhalte externer Internetseiten ausgeschlossen. Für den Inhalt dieser externen Seiten sind ausschließlich deren Betreiber verantwortlich. Sollten Sie bei dem angegebenen Inhalt des Anbieters dieser Seite auf kostenpflichtige, illegale oder anstößige Inhalte treffen, so bedauern wir dies ausdrücklich und bitten Sie, uns umgehend per E-Mail davon in Kenntnis zu setzen, damit beim Nachdruck der Verweis gelöscht wird.

Umschlaggestaltung, Layout, Satz, Reproduktion: Rainer E. Rühl, Alsheim
Herstellung: Corinna Herrmann, Frankfurt am Main
Druck und Bindung: Firmengruppe APPL, aprinta druck, Wemding